Cuando los golpes de la vida te quiebran...

RECONSTRUYE
con los
PEDAZOS

RECONSTRUYE
con los
PEDAZOS

Yesenia Then

PENIEL
BUENOS AIRES - MIAMI - SANTIAGO
www.peniel.com

Reconstruye con los pedazos
Yesenia Then

1a edición

Editorial Peniel
Boedo 25
Buenos Aires, C1206AAA, Argentina
Tel. 54-11 4981-6178 / 6034
e-mail: info@peniel.com
www.peniel.com

ISBN 978-1-949238-33-4

Las citas bíblicas fueron tomadas de la Santa Biblia, Nueva Versión Internacional (NVI), salvo que se indique otra. Copyright © 1999, 2015 por Bíblica, Inc.

Edición: Editora Graphic Colonial
Diseño de portada: Omar Medina
Diseño de interior: Editora Graphic Colonial

Impreso en los Estados Unidos
Printed in U.S.A.

Comentarios Sobre el Libro

RECONSTRUYE con los PEDAZOS

«Yesenia Then reveló su gloria sin esconder su barro. Auténtica y con desnuda osadía, Yesenia dejó en el altar su sandalia pastoral para revelarnos en «Reconstruye Con Los Pedazos» a la mujer de carne y hueso que con tenacidad e insistencia luchó por preservar ese diseño divino llamado matrimonio. El nido se hizo polvo frente a ella, pero el Dios de su llamado nunca olvidó el rostro de su hija en medio de las cenizas y le concedió alas de acero para que volara más alto que el más alto de sus críticos. Demostrando de paso, que los hombres nunca podrán terminar con lo que nunca empezó con ellos.» ¡Enhorabuena Pastora Then, gracias por esta joya!

Rubén Arroyo, Ph. D.
Pastor Rector, CIDRA Church, FL.

«Hay muchas formas de aprender lecciones en la vida pero una de las que jamás olvidaremos son las que aprendemos a través del dolor. Recuerdo una vez que Dios trataba de enseñarme algo nuevo para mi, que fue amar a mis enemigos, y la verdad es que el dolor era tal que sentia que me asfixiaba. Intenté zafarme de la mano de Dios hasta el punto que le dije: ¡Suéltame! me estás apretando demasiado y duele, y Él me respondió: «Te estoy amando». Hay amor de Dios aún en medio del dolor. Casi nadie puede entender por qué Dios no nos evita el dolor y la Pastora Yesenia Then, nos lo explica en el libro que tienes a mano, de una forma extraordinaria. Por lo que estoy segura que hay cosas que tendrán sentido para ti, luego de leer este maravilloso libro»

Nancy Amancio
Profeta-Pastora Centro Mundial de Restauración Familiar

«Alzaré mis ojos a los montes; ¿De dónde vendrá mi socorro? Mi socorro viene de Jehová, Que hizo los cielos y la tierra».* Sal. 121:1

«Cuando pienso en esta palabra doy gracias a Dios porque Él fue quien lo hizo, Él que lo hace y Él que tiene el diseño para rehacer otra vez lo que se deshace; a ese Dios es que le sirve nuestra amiga y Pastora Yesenia Then; al Dios que lo puede volver a hacer de nuevo sin importar cuantas veces hayas caído. Porque Él no te desecha, te levanta y aunque estes hecho pedazos (cuál barro en las manos del alfarero) te toma del piso y te hace de nuevo. Creo sin lugar a dudas que este libro tiene todos esos ingredientes para que los creyentes de esta nueva temporada sean bendecidos, y puedan levantarse otra vez aun luego de haber recibido los peores golpes; tal como lo hizo Yesenia Then, cuyo testimonio a traves de este escrito podrás conocer.»

Roberto Orellana
Dr. Misiones Transculturales, Cantante de Música Cristiana

«**Al conocer por más de nueve años la trayectoria ministerial de la Pastora Yesenia Then,** he visto que ciertamente la Palabra del Señor contenida en Gen. 3:15 ha tenido cumplimiento en ella. «Y pondré enemistad entre ti y la mujer, y entre tu simiente y la simiente suya; ésta te herirá en la cabeza, y tú le herirás en el calcañar». Ya que desde su primer libro «**TE DESAFIO A CRECER**» hasta este escrito, el cuál estoy totalmente convencida que será de mucha bendición y edificacion para ti, veo como Dios le ha usado y la ha ayudado a salir vencededora ante ataques, que el adversario pensó que la destruirían. Pero en vez de esto, ha sido la serpiente antigua que ha tenido consecutivas y aplastantes derrotas.»

¡Gracias Pastora por una vez más servir de instrumento en las manos del Señor para dejar plasmada en su generación esta tremenda joya literaria que es **Reconstruye con los Pedazos!**

Diosiris de Soto
Pastora Asociada del Ministerio Internacional Soplo de Vida

Dedicatoria

A todos los que al ser golpeados por la vida, en vez de lamentarse entre las ruinas, decidieron volver a construir usando sus pedazos.

AGRADECIMIENTOS

A mi amado Creador, Guía, Sustento y Ayudador; a Quien le debo todo lo que tengo y todo lo que soy; mi Dueño, mi Amigo y mi Señor; Quien es Experto tomando lo que se quiebra para hacer de ello, grandes obras de arte.

A mis dos hijos Maiky y Andy, quienes después de Dios, son mi mayor inspiración.

A mi muy apreciado equipo de escuderos e intercesores, por sus oraciones, soporte y acompañamiento de siempre.

A mi gran amiga Irene Maribel Cruz, por dejarse usar por el Señor con palabras sabias y alentadoras, no solo en medio de las ruinas, sino también en el proceso de reconstrucción.

Índice

PRÓLOGO

*E*n el primer libro de la Biblia que es Génesis, se nos revela que los planes de Dios al crear al hombre no incluían dolor, sufrimientos, amarguras ni enfermedades, sino que en el corazón del Creador, estaba que el hombre se multiplicara y prosperara en la tierra. Pero todo eso se echó a perder cuando Adán decidió darle la espalda a Dios en el huerto, y las consecuencias de este mal se han hecho palpables en toda la raza humana, a través de muerte, enfermedad, dolor, sufrimiento, tristeza, amargura, entre muchos otros estragos.

Pero ¡Qué bueno que apareció un postrer Adán, nuestro Señor y Salvador Jesucristo! Quien vino a reconstruir todo lo que el primer Adán hizo pedazos. Algo que queda perfectamente expresado en las palabras pronunciadas por el mismo Jesús, en el siguiente pasaje: «*El Espíritu del Señor está sobre mí, por cuanto me ha ungido para dar buenas nuevas a los pobres; me ha enviado a sanar a los quebrantados de corazón; a pregonar libertad a los cautivos, vista a los ciegos; y a poner en libertad a los oprimidos».* Luc. 4:18 (RVR 1960).

Estas maravillosas palabras, nos traen respiro al saber que Dios envió una respuesta al mundo a través de Su Hijo, para que la raza humana sea restaurada a pesar de lo que en el principio, había acontecido.

Así mismo podemos ver como a través de los tiempos, Dios levanta hombres y mujeres para traer la respuesta que se necesita en ese periodo determinado. Levantó a Moisés, a los jueces y a grandes profetas como Elías y Eliseo en medio de grandes crisis, para a través de ellos proveer una respuesta. Del mismo modo, creo que este libro responde a muchas interrogantes y es una respuesta de Dios para este tiempo basada en Su Palabra, para hacer entender Su soberanía y que los propósitos de Él, van mucho mas allá de lo que nuestra mente humana pueda llegar a asimilar. Ya que en este libro, escrito por la Pastora Yesenia Then, encontramos un contenido poderoso, con una esencia muy reveladora de Dios acerca de su voluntad para nuestras vidas, que nos es presentada por medio de temas tan relevantes como: **El testimonio de algunos, no es el testimonio de otros**; contenido que nos lleva a comprender que en la vida ciertamente a todos nos toca pasar por fuertes pruebas y procesos. Pero el modo como estos terminan no siempre es el mismo, ya que depende de lo que el Señor quiera extraer a través de estos, en cada uno de nosotros.

La presencia de la tormenta, no indica la ausencia de Dios, ¡Que poderosa revelación del Señor a la escritora! en la que deja plasmado que más importante que las cosas que recibimos de Dios, es tener nuestra fe aferrada al Dios que nos da las cosas; y que aunque en la vida haya **quiebres inesperados** y golpes duros, si nos aferramos al Señor podremos volver a construir, aunque hayamos sido hechos pedazos. Lo que a través de este libro, la autora guiada por dirección de Dios, nos ayuda a entender cómo hacer.

Por lo que doy testimonio de que el contenido que tienes a mano es altamente sustancioso, con base bíblica y una explicación bien desarrollada y objetiva, que se complementa con un testimonio poderoso acerca de la vida personal de nuestra pastora Yesenia Then, que te servirá de referencia acerca de como mantenerte firme en tiempos de fuertes crisis.

En conclusión, creo sin temor a equivocarme que en este libro Dios ha dejado plasmada su voluntad y revelación para un tiempo como este, en el que surgen interrogantes que en ocasiones presionan la fe de muchos hasta hacerles claudicar. Pero a través de su sierva, la autora de este valioso contenido, el Señor nos lleva a entender que **mientras queden pedazos, también existirá la posibilidad de sacar de ellos grandes obras de arte**.

Que el Señor bendiga a esta mujer por dejar plasmado en su generación tantas respuestas orientadas a afirmar nuestro fundamento y redireccionar nuestra fe, como tanta falta hace. Dios bendiga a esta mujer por dejarse usar nuevamente para reconstruir vidas que el enemigo al golpear, erróneamente creyó que solo se mantendrían siendo ruinas.

Josué Drullard
Pastor Iglesia Monte de Sion

Introducción

*M*ás importante que lo que nos pasa, es lo que decidimos hacer con lo que nos pasa; a esto precisamente se
debe el hecho de que los mismos acontecimientos que
arruinan la vida de algunos, son los que fortalecen y afir-
man la vida de otros; sin importar necesariamente como
tal acontecimiento termine. Ya que aún en los peores escenarios de la vida siempre habrá alguien como Daniel,
a quien los leones no amedrentaron y como Esteban, a
quien las piedras no intimidaron; y aunque ciertamente estos dos casos terminaron de forma diferente, ambos
personajes estuvieron dispuestos a hacer frente con firmeza y valentía a las diversas situaciones que tuvieron
que enfrentar, y ellos son solo dos de los ejemplos que
verás en este libro, que sabemos te serán de mucha edificación, fortaleza y dirección.

Por otro lado, en las páginas que leerás a continuación
(haciendo uso de las sagradas escrituras) hemos tratado

de dar respuesta a muchas de tus posibles interrogantes, como son las siguientes: ¿Si Dios es bueno, por qué no nos evita pasar por el dolor? ¿Cómo puedo recuperarme ante la pérdida de un ser querido? ¿Cómo hago para mantenerme firme cuando me han diagnosticado una terrible enfermedad? ¿Cómo puedo levantarme de una crisis matrimonial? Y ¿Cómo puedo volver a reconstruir cuando siento que todo en mi mundo se quebró?

Oramos para que sea el Señor a través de su Santo Espíritu, dándote la sensibilidad necesaria para que te dejes ministrar por el contenido que Él ha permitido que tengas a mano. Porque el tiempo de la congoja pasó y la hora de la reconstrucción llegó. ¡Levántate, echa manos a lo que te queda y RECONSTRUYE CON LOS PEDAZOS!

Capítulo I

Acerca de la personalidad de Dios

Acerca de la personalidad de Dios

¿*P*uede Dios ser definido?

Durante cientos de años, la pregunta ha sido contestada en forma negativa por algunos estudiosos de la Biblia, debido al reconocimiento de que ninguna definición podría abarcar a modo completo la idea en cuestión. Sin embargo, según otros eruditos, la definición de algo no necesariamente requiere un conocimiento de todas sus partes, sino que sería suficiente si se menciona un número adecuado de los elementos que lo distinguen de otras cosas.

Basándonos en esta última posición, Dios puede ser definido. De hecho, son muchas las definiciones que se han emitido hasta ahora, acerca de Dios. Siendo la siguiente, una de las más aceptadas a modo general: «Dios es el Ser más perfecto y es la causa de todos los demás seres».

> Según algunos eruditos, la definición de algo no necesariamente requiere el conocimiento de todas sus partes.

El propósito de esta definición es afirmar que Dios es el Ser Supremo, elevado por sobre todos, que no tiene que rendirle cuentas a nadie y que a nadie puede comparársele. Sin embargo, esta definición ha sido catalogada por otros, como absolutamente insuficiente; ya que no menciona nada acerca de los aspectos morales del Creador. Por lo que muchos estudiosos del texto sagrado, han concluido que la definición más aceptable acerca de Dios en términos bíblicos, es la redactada en el resumen teológico conocido como «**La Confesión de Fe de Westminster**» cuya tesis, tiene la notable superioridad de ser el trabajo combinado de muchos eruditos devotos, en vez del producto de un solo hombre. He aquí lo que La Confesión establece:

«Hay un solo Dios viviente y verdadero, quien es infinito en ser y en perfección, un espíritu purísimo, invisible, sin cuerpo, inmutable, inmenso, eterno, incomparable, todopoderoso, todo sabiduría, todo santidad, absolutamente libre y soberano; que obra todas las cosas según el puro afecto de su voluntad inmutable y justa para su propia gloria; perfecto en su amor, gracia, misericordia, paciencia; abundante en bondad y verdad, perdonador de la iniquidad, la transgresión y el pecado; galardonador de aquellos que diligentemente le buscan; sumamente justo y terrible en sus juicios, que odia el pecado y quien en ningún modo tendrá por inocente al culpable.

Que tiene toda la vida, la gloria, la bondad, la bendición, en sí mismo; y solamente Él en sí mismo es todo suficiente, sin tener necesidad de ninguna de sus criaturas ni de recibir gloria alguna de estas; solo Él es la fuente de todo ser, de quien, a través de quién y para quien son todas las cosas; y tiene el dominio soberano sobre ellas, para hacer por medio de ellas, para ellas y sobre ellas, todo lo que Él quisiere.

Delante de Él todas las cosas están abiertas y manifiestas; su conocimiento es infinito, infalible e independiente sobre sus criaturas, de modo que para Él nada es fortuito o incierto». **La Confesión de Fe de Westminster**, Cap. 2.

Algunos de los Atributos de Dios

Un atributo, es la cualidad o característica propia e intrínseca de quien posee dicho atributo. En cuanto a los atributos de Dios, hay una clasificación de los mismos que representa aquellas características de nuestro Creador, que solamente aparecen en Él y no se encuentran en ningún ser creado, como son: la omnipotencia, la omnisciencia y la omnipresencia.

Mientras que la otra clasificación de estos atributos, representa aquellas características de Dios, que en un grado limitado se encuentran también en los seres creados. Pero los atributos que en la persona de Dios son perfectos e ilimitados, en el hombre son imperfectos y limitados. Por ejemplo: amor, verdad, fidelidad y justicia son solo algunas de las realidades que pertenecen tanto a Dios como al hombre, aunque en gran desigualdad en el grado que ellos presentan estas cualidades, debido a la absoluta perfección de Dios en todas sus manifestaciones.

La omnisciencia: La omnisciencia de Dios, comprende todas las cosas pasadas, presentes y futuras. Por orden divino, todo lo que acontece en la tierra sigue una secuencia y un orden cronológico. Pero para Dios, las cosas del pasado son tan reales como si fuesen presentes; y las cosas del futuro, son tan reales como si fuesen pasado. Tal como lo expresa Romanos 4:17 al decir: «*Él llama las cosas que no son, como si fuesen*». Por lo que todas sus obras desde la fundación del mundo, son perfectamente conocidas por Él, como si se estuviesen efectuando ahora mismo.

Para entender mejor esta verdad, usemos el siguiente ejemplo: Un hombre parado en medio de una determinada calle, solo puede alcanzar a ver la porción del espacio donde se encuentra parado, sin poder apreciar todo lo que tiene delante debido a su limitación física y su posición en dicho espacio; de igual manera el hombre observa las obras de Dios. Pero semejante a uno que contempla desde una elevación y ve absolutamente todo el espacio de un vistazo, así Dios ve Su programa de eventos en la totalidad de Su unidad. Tal como lo expresa el salmista al decir: «*Desde los cielos miró Jehová y vio a todos los hijos de los hombres; Desde el lugar de su morada miró sobre todos los moradores de la tierra*». Sal. 33:13-14 (RVR 1960).

Por tanto, la omnisciencia trae a la mente de Dios todas las cosas pasadas, presentes y futuras con igual realidad.

La soberanía: La soberanía de Dios, representa Su absoluta capacidad de poner en práctica Su santa voluntad y supremacía. Ya que al ser absolutamente independiente, hace lo que le place y nadie puede disuadirlo ni obstaculizarlo.

Acerca de esto, Su Palabra declara lo siguiente: «*Yo soy Dios, y no hay otro Dios; y nada hay semejante a mí...*

que digo: «Mi consejo permanecerá, y haré todo lo que quiero». Isa. 46:9-10 (RVR 1960).

Sin embargo, aunque la supremacía de Dios no tiene restricciones, si tiene ciertos parámetros que se basan en su perfección. Por ejemplo:

• **Dios no puede hacer nada que vaya en contra de Su propio carácter:** Debido a que Dios es inmutable, Sus palabras deben reflejar Su integridad. Dios no miente, y en todos los casos manifiesta su veracidad y cumple todas las promesas que hace.

«Dios no es hombre, para que mienta, Ni hijo de hombre para que se arrepienta. Él dijo, ¿y no hará? Habló, ¿y no lo ejecutará?». Núm. 23:19 (RVR1960)

• **Dios no puede ser tentado por el mal:** No existe ningún elemento en la naturaleza de Dios que pueda ser tentado por el mal; y aunque a menudo nos prueba, Él no tienta a nadie; sino que contrario a esto, utiliza Su poder ilimitado para ayudarnos a resistir y escapar de las tentaciones a las que somos expuestos.

> La soberanía de Dios, representa Su absoluta capacidad de poner en práctica Su santa voluntad.

«Cuando alguno es tentado, no diga que es tentado de parte de Dios; porque Dios no puede ser tentado por el mal, ni él tienta a nadie». Sant 1:13 (RVR 1960).

«No os ha sobrevenido ninguna tentación que no sea humana; pero fiel es Dios, que no os dejará ser tentados más de lo que podéis resistir, sino que dará también juntamente con la tentación la salida, para que podáis soportar». I Cor 10:13 (RVR 1960).

◆ Dios no puede forzar a nadie a amarlo

El hecho de que Dios sea absolutamente soberano, no implica que todo lo que el hombre elija hacer o no hacer según su propia voluntad, sea preordenado por Dios desde la eternidad. Ya que sin el poder de elegir, el hombre no podría recibir ninguna recompensa moral o espiritual de parte de Dios. Lo cual se hace evidente repetidas veces en el llamado a la obediencia que Dios hace a los hombres, como podemos ver en los siguientes ejemplos:

«Escogeos hoy a quién sirváis» (Jos. 24:15); *«Si quisiereis y oyereis, mi voz comeréis el bien de la tierra»* (Isa. 1:19); *«He aquí, yo estoy a la puerta y llamo; si alguno oye mi voz y abre la puerta, entraré a él, y cenaré con él, y él conmigo»* (Apoc. 3:20)

La bondad: El hombre como ser creado, por ser hecho a imagen y semejanza de Dios posee cierto grado de bondad, pero Dios es absolutamente bueno. Él no sólo hace el bien, sino que es la bondad misma. La bondad en la criatura, es como una gota; mientras que la bondad en el Creador, es como un océano infinito. Así que Dios no sólo es el más grande de todos los seres, sino también el mejor. Eternamente bueno e incluso antes de ejercitar su bondad para con el hombre, Él ya era bueno. «*Porque el Señor es bueno para con todos, y su compasión está sobre todas sus obras*». Sal. 145:9 (RVR 1960).

«No vivan según el modelo de este mundo. Mejor dejen que Dios transforme su vida con una nueva manera de pensar. Así podrán entender y aceptar lo que Dios quiere para ustedes y también lo que es bueno, perfecto y agradable a él» Rom. 12:2 (PDT)

Pero… ¿Cómo podemos ver la bondad de Dios en el sufrimiento?

El hecho de preguntar: ¿Cómo podemos ver la bondad de Dios en el sufrimiento? Es como preguntar: ¿Cómo podemos ver el universo sin un telescopio? Porque tratar de ver la bondad de Dios sin conocer a Dios, sencillamente resulta ser imposible.

Lo que nos permite conocer a Dios, es Su palabra. Así que para que le conozcamos, Él nos la ha provisto. La palabra de Dios es como el telescopio de Su infinitud. Sin embargo, cabe destacar que aún si tenemos un telescopio y podemos ver el universo a través de él, necesitamos comprender la magnitud de lo que vemos. De esa misma manera para conocer la bondad de Dios en medio del dolor, necesitamos Su palabra que es como el telescopio, pero además debemos tener una debida revelación acerca de quién es Él, para saber qué es lo que tenemos enfrente.

> Lo que nos permite conocer a Dios, es Su palabra, y para que le conozcamos, Él nos la ha provisto.

Acerca de esto, Dios establece en su Palabra lo siguiente: *«Si alguien ha de gloriarse, que se gloríe de conocerme y de comprender que yo soy el Señor, que actúo en la tierra con amor, con derecho y justicia, pues es lo que a mí me agrada —afirma el Señor.* Jer. 9:24 (PDT)

Por lo que es el hecho de conocer y tener una clara revelación acerca de Dios lo que nos ayudará a entender, aceptar y darle gloria, aún por nuestros más dolorosos momentos; los que de enfrentar sin la debida revelación, nos haría semejantes a un terreno que el adversario no desaprovechará para llenar de amargura, confusión y resentimiento.

Principios del Capítulo

1. Existen características de Dios, que en un grado limitado se encuentran también en los seres creados. Pero los atributos que en la persona de Dios son perfectos e ilimitados, en el hombre son imperfectos y limitados.

2. Debido a que Dios es inmutable, Sus palabras deben reflejar Su integridad. Dios no miente, y en todos los casos manifiesta su veracidad y cumple todas las promesas que hace.

3. No existe ningún elemento en la naturaleza de Dios que pueda ser tentado por el mal; y aunque a menudo nos prueba Él no tienta a nadie, sino que contrario a esto, utiliza Su poder ilimitado para ayudarnos a resistir y escapar de las tentaciones a las que somos expuestos.

4. Por orden divino todo lo que acontece en la tierra sigue una secuencia y un orden cronológico. Pero para Dios, las cosas del pasado son tan reales como si fuesen presentes, y las cosas del futuro son tan reales como si fuesen pasadas.

5. El hecho de preguntar: ¿Cómo podemos ver la bondad de Dios en el sufrimiento? es como preguntar: ¿Cómo podemos ver el universo sin un telescopio? Porque tratar de ver la bondad de Dios sin conocer a Dios, sencillamente resulta ser imposible.

Capítulo II

Si Dios es bueno, ¿Por qué no nos evita el dolor?

Si Dios es bueno, ¿Por qué no nos evita el dolor?

*A*demás de lo ya expuesto en el primer capítulo de este libro, existe otra verdad de la que no podemos dudar jamás, y es esta: **Nadie nos ama como nos ama Dios.** De hecho, acerca del amor del Señor para con nosotros Su Palabra claramente establece que nosotros le amamos, porque Él nos amó a nosotros primero. (Ver 1 Jn. 4:19)

Sin embargo, al considerar esto inevitablemente surgen las siguientes interrogantes: Si Dios nos ama tanto, y en Su soberanía puede hacer todo lo que quiere ¿Por qué permite que pasemos por situaciones dolorosas? ¿Por qué no nos libra de adversidades tan tortuosas como las que muchas veces tenemos que atravesar?

Las causas por las que Dios permite que pasemos por situaciones de dolor y angustia, muchas veces resultan ser inexplicables y el hecho de tratar de buscar respuestas en medio de tales acontecimientos, solo nos hace caer en un estado de congoja y lamento mucho más profundo que el que sentimos cuando, a pesar de no entender el «por qué» de lo que pasamos, nos refugiamos en Aquel que es nuestra Roca y Quien siempre permanecerá firme, aunque todo a nuestro alrededor se desplome.

Ahora bien, así como carecemos de respuesta para llegar a entender muchos de los acontecimientos que tenemos que pasar o que vemos a otros tener que atravesar (tomando como base la Palabra de Dios) podemos apreciar varias de las causas por las que en ocasiones somos expuestos a dichos acontecimientos, como son las siguientes:

1. El gemir de la tierra, por causa de la desobediencia del hombre

Según lo establecido acerca del origen de la creación, cuando Dios creó la naturaleza, absolutamente todo lo que hizo era bueno. *«Dios vio todo lo que había hecho, y vio que todo había quedado muy, pero muy bien»*. Gen. 1:31 (PDT)

Por lo que antes de que el pecado entrara en escena, existía una armonía perfecta entre el hombre, los animales y la naturaleza. Pero cuando Adán y Eva se desviaron de lo que Dios les había ordenado, el quiebre de tal armonía fue parte de las consecuencias que ellos tuvieron que enfrentar por causa de la desobediencia, y en el siguiente pasaje se establece la sentencia:

«Ahora por tu culpa la tierra estará bajo maldición, pues le hiciste caso a tu esposa y comiste del árbol del que te prohibí comer. Por eso, mientras tengas vida, te costará mucho trabajo obtener de la tierra tu alimento. Sólo te dará espinos que te hieran, y la hierba del campo será tu alimento». Gen. 3:17-18 (TLA)

Por causa de esto, la naturaleza ya no tiene un orden perfecto y a pesar de que hay mucho bien en ella, también suceden desastres como: Terremotos, tsunamies, inundaciones, huracanes, tornados, entre otros. Causa por la que personas inocentes, pero también indolentes pierden la vida o sufren irreparables daños; ya que las consecuencias del pecado no solo cayeron sobre Adán y Eva, sino que recayeron sobre todo el género humano. Por tanto, estos acontecimientos no son directamente «obra de Dios» sino parte del resultado de la imperfección que entró al mundo, a través de la desobediencia del hombre.

Ahora bien, si bien es cierto que Dios no es el autor del sufrimiento que procede de los desastres naturales, no menos cierto es el hecho de que por causa de dicho sufrimiento, luego de enfrentar situaciones como éstas muchas personas cambian para mejor. Como es el caso de familias que dejan a un lado sus diferencias y se mantienen unidas frente a tales embates; personas que aprenden a valorar a quienes tienen, por encima de las cosas que poseen; y otros que por causa de las circunstancias dolorosas que se les presentan, comienzan a ver a Dios como prioridad, y no como una simple opción.

«En mi angustia llamé al Señor, pedí ayuda a mi Dios, y Él me escuchó… ¡mis gritos llegaron a sus oídos!». Sal. 18:6 (DHH)

2. Las consecuencias que vienen por causa de nuestra propia desobediencia

Dios siempre está dispuesto a perdonar hasta los pecados más horrendos que el ser humano pueda llegar a cometer, siempre que reconozcamos el error y decidamos apartarnos del mal que hayamos hecho. Tal como lo establece Su Palabra en los pasajes siguientes:

«No le irá bien al que oculta sus pecados, pero el que los confiesa y se aparta será perdonado». Prov. 28:13 (PDT)

«¡Vengan y aclaremos las cuentas! —dice el Señor—, por profunda que sea la mancha de sus pecados, yo puedo quitarla y dejarlos tan limpios como la nieve recién caída. ¡Aunque sus manchas sean rojas como el carmesí, yo puedo volverlas blancas como la lana!». Isa. 1:18 (NBV)

No cabe ninguna duda de que el hecho de poder recibir perdón y restauración de parte de Dios, es el regalo más valioso y extraordinario que Él ha otorgado a los hombres. Ya que de no contar con este favor, no tendríamos modo alguno de ser aceptados por el Señor, a causa de la naturaleza caída que venimos arrastrando.

> Dios siempre esta dispuesto a perdonarnos cuando venimos a Él reconociendo nuestro error y dispuestos a apartarnos del mal que hayamos hecho.

«Por cuanto todos pecaron, están destituidos de la gloria de Dios». Rom. 3:23 (RVR 1960).

«Pero Dios demuestra su amor para con nosotros, en que siendo aún pecadores, Cristo murió por nosotros». Rom. 5:8 (LBLA)

Así que debemos dar continuamente gracias a Dios por habernos dado acceso a Él, a través del sacrificio de nuestro Señor Jesucristo. Sin embargo, esto no siempre significa que seremos exonerados de las consecuencias que esos pecados traen sobre nosotros. Sino que por el contrario, el hecho de que en ocasiones tengamos que hacer frente a las consecuencias de nuestros actos pecaminosos, constituye una de las formas más efectivas de Dios hacernos recapacitar y arrepentirnos de corazón, por el mal que hayamos hecho. A este modo de trato con el humano, la Biblia le llama: Disciplina. Porque así como los padres que verdaderamente aman a sus hijos los disciplinan, también Dios muestra Su amor y paternidad responsable para con nosotros, permitiendo que en ciertas ocasiones hagamos frente a las consecuencias de nuestros actos pecaminosos.

> Dios tiene un propósito supremo, el cual sencillamente sobrepasa por mucho nuestra capacidad de entendimiento.

Algo que generalmente ocurre con aquellos pecados en los que nos endurecimos y decidimos permanecer a pesar de Dios tratar con nosotros para que nos apartáramos de ellos. Por esta razón Su Palabra nos exhorta: «*No menosprecies hijo mío, el castigo de Jehová, Ni te fatigues de su corrección; Porque Jehová al que ama castiga, Como el padre al hijo a quien quiere*». Prov. 3:11 (RVR 1960).

Sin embargo, aunque ciertamente hay cosas a las que el Señor nos dejará hacer frente, porque aún cuando su Santo Espíritu nos aconsejó para que nos apartásemos de ellas no le obedecimos, si en medio de la adversidad buscamos a Dios de todo corazón, Él nos dará la sabiduría, la fuerza y la gracia suficiente para poder responder del modo como Él espera que lo hagamos ante tales consecuencias.

3. Su decisión de hacer que le conozcamos de forma diferente

Otra de las causas por las que en ocasiones el Señor permite que pasemos por situaciones de dolor, es porque quiere revelarse a nosotros de forma diferente. Tal como lo hizo en el caso Jacqueline Batista, una de las coordinadoras del ministerio de servicio del Centro Cristiano Soplo de Vida, cuando su esposo enfermó. He aquí el modo como la propia Jacqueline, lo relata:

Cuando conocí a mi esposo Pedro, yo era una madre soltera que criaba sola a mis dos hijos. Mientras que él era un hombre simpático, con mucho carisma y gran personalidad, a quien además les gustaban mucho los niños. Todas estas cualidades, además de muchas otras me hicieron entender que él era la respuesta a mis oraciones, ya que por muchos años yo había orado a Dios pidiéndole que no solo me diera un esposo, sino también un padre para mis hijos.

Luego de un tiempo nos casamos y él se convirtió en mi compañero inseparable y en un padre super amoroso para mis hijos. Fue entonces, específicamente en el año 2004 cuando aceptamos juntos al Señor y empezamos a servirle con mucho amor y entusiasmo en la iglesia donde nos congregábamos.

Pasado un tiempo, el crecimiento de Pedro fue tan notable que lo nombraron líder de alabanza de la iglesia. Mientras que a mi me nombraron como una de las consejeras de la congregación, y juntos trabajamos en el ministerio de parejas de la iglesia. Estábamos totalmente comprometidos con el servicio a Dios. Pero en el año 2015, Pedro comenzó a sentirse mal de salud y cuando decidimos hacerle los debidos estudios para identificar la procedencia de aquellas molestias, le fue hallado un nódulo en su tiroides que resultó ser canceroso. Aquella noticia fue devastadora, pero estábamos confiados en que el Señor lo sanaría y que por causa de su cuidado para con nosotros, el proceso sería simple y sin mayores complicaciones.

Los médicos decidieron operarle para retirarle el nódulo que había sido hallado, pero el procedimiento se complicó. Ya que le fueron tocadas sus cuerdas vocales y esto le impidió poder volver a cantar para el Señor. Fue así como aquel apasionado adorador, que era el líder de la alabanza de aquella congregación, se quedó sin voz para adorar al Señor. Lo que para Pedro resultó ser un golpe más duro y difícil de soportar que la enfermedad misma.

Mientras que los miembros de la congregación a la que asistíamos, al junto de muchos pastores y profetas que nos conocían, nos daban palabras de aliento, y mayormente todos coincidían en que Dios lo iba a sanar. Sin embargo, pese a todas las palabras que recibíamos, Pedro tuvo que someterse a dos operaciones más. Pero nosotros continuábamos creyendo que Dios lo iba a sanar, aunque nuestros ojos estuvieran viendo todo lo contrario. Y precisamente por ver lo contrario, mi fe fue violentamente sacudida, ya que al mismo tiempo que recibíamos apoyo y esperanza a través de muchas profecías, también lidiábamos con cuestionamientos tales como: ¿Por qué les sucede esto a ustedes si le sirven al Señor? ¿Por qué Dios no sana a Pedro si es un apasionado adorador? ¿Qué hicieron ustedes para merecer algo así?

Y luego de una larga y difícil batalla, justo un año después del diagnóstico de aquella enfermedad, es vez de sanar, mi esposo falleció. Lo que para mi representó un golpe en partida doble, porque ademas del terrible dolor que sentía por la perdida de mi esposo, también estaba confundida y me sentían defraudada ante aquel acontecimiento. Ya que yo siempre creí que Dios lo iba a levantar, aunque fuera en el momento mismo de su muerte.

Ore y ayune continuamente por aquel milagro y mucha gente de Dios también lo hizo conmigo, sin embargo, el milagro no sucedió. Pero no porque Dios no lo pudiera hacer, sino porque el hacerlo no estaba dentro de Su voluntad.

Después de que mi esposo murió, quede muy frágil y herida, causa por la que continuamente decía: "Dios mio, ¿Por que no lo sanaste? Yo no entiendo el propósito de todo esto. Dime ahora que testimonio voy a dar yo, cuando escuche a otros decir: Yo estaba enfermo y Dios me sanó. O ¿mi hijo tenía tal enfermedad y Señor lo sanó? ¿Dime Dios, cuál va a ser mi testimonio? ¿Qué es lo que voy a decir acerca de todo esto?

Porque para la mayoría de nosotros, resulta ser difícil aceptar la voluntad de Dios, cuando esta voluntad es contraria a la de nosotros.

Sin embargo aunque durante un tiempo no encontré consuelo, le llevé al Señor mis heridas y le presenté mi dolor, y poco a poco Él fue restaurando y sanando mi corazón.

Me afiance en sus promesas y cada día Dios me proveía de herramientas que me ayudaban y contestaban todas mis interrogantes. Fue en ese tiempo que conocí a la pastora Yesenia Then, por medio de un video que encontré en las redes sociales y era grandemente edificada, ya que los mensajes que el Señor ponía en su boca tocaban mi corazón y a través de aquellas palabras, Dios me dio un nuevo nivel de entendimiento. Aprendí que Dios es soberano y que Él hace como Él quiere; que nuestra vida es un regalo de Dios y que nuestro paso por ella, es solo un tiempo prestado. Aprendí a no pretender manipular a Dios con mis oraciones y que el

> Para la mayoría de nosotros, resulta ser difícil aceptar la voluntad de Dios, cuando esta voluntad es contraria a la de nosotros.

modo correcto de orar por las situaciones adversas que enfrentamos, es diciendo lo que dijo Jesús en su momento de agonía: *"Padre, si quieres pasa de mi esta copa, pero que no se haga como yo quiero sino como quieres Tu."* Mat. 26:39 (NVI)

Nuestra vida es un regalo de Dios y que nuestro paso por ella.

Finalmente comprendí que ante esta situación, yo solo tenía dos opciones: Amargarme y culpar a Dios por mi desgracia; o agradecerle por la oportunidad que me dio de conocer a mi esposo y haberlo tenido en mi vida, aunque por menos tiempo que el que yo hubiese deseado; y opte por la opción mejor. Tal decisión me ha hecho vivir cada día agradeciendo a Dios por todas Sus bendiciones y por Su (aveces incomprensible pero perfecta) soberanía.

Actualmente pertenezco al Centro Cristiano Soplo de Vida (CCSV) formo parte del Ministerio de Servicio y dirijo uno de los grupos mujeres que conforman la iglesia. Ademas, comparto continuamente la palabra de Dios a través de mis redes sociales como son: Instagram y Facebook.

"Porque mis pensamientos no son vuestros pensamientos, ni vuestros caminos mis caminos, dijo Jehová. Como son más altos los cielos que la tierra, así son mis caminos más altos que vuestros caminos, y mis pensamientos más que vuestros pensamientos." Isa. 55:8-9

Principios del Capítulo

1. Las causas por las que Dios permite que pasemos por situaciones de dolor y angustia muchas veces resultan ser inexplicables; y el hecho de tratar de buscar respuestas en medio de tales acontecimientos, solo nos hace caer en un estado de congoja y lamento.

2. Poder recibir perdón y restauración de parte de Dios, es el regalo más valioso y extraordinario que Él ha otorgado a los hombres.

3. El hecho de que en ocasiones tengamos que hacer frente a las consecuencias de nuestros actos pecaminosos, constituye una de las formas más efectivas de Dios hacernos recapacitar y arrepentirnos de corazón, por el mal que hayamos hecho.

4. Cuando Dios decide hacernos pasar por circunstancias dolorosas, son sólo dos las alternativas que nos restan: O nos desesperamos o aceptamos el accionar de Su soberanía.

5. Dios tiene un propósito supremo con cada cosa por la que nos permite pasar, el cual sencillamente sobrepasa por mucho nuestra capacidad de entendimiento, y el que quizás solo podremos entender una vez lleguemos a la eternidad.

Capítulo III

El testimonio de algunos, no es el testimonio de otros

El testimonio de algunos, no es el testimonio de otros

La Biblia relata diversas historias fascinantes acerca de cómo Dios con su majestuoso poder, libró a muchos de sus siervos de diferentes acontecimientos que tenían como propósito destruirlos. Siendo el caso de Daniel en el foso de los leones, uno de los más mencionados y el que también hemos tomado como uno de los dos ejemplos bíblicos que usaremos en el desarrollo del presente capítulo. Pero para entender mejor dicho acontecimiento, procedamos a establecer el debido fundamento.

Cuando el pueblo de Israel dejó de seguir a Jehová para darse a la adoración de los ídolos de otras naciones, Dios los entregó en manos de Nabucodonosor rey de Babilonia, y allí estuvieron cautivos durante setenta años. En cuanto a esto, cabe destacar el hecho de que fue el mismo Dios, quien escogió a Nabucodonosor como «su siervo» para hacer que los israelitas reconocieran el pecado de haberse apartado del camino que Él les había trazado. (Ver Jer. 27:5-9)

Previo a este acontecimiento, Dios a través de sus fieles profetas había advertido durante muchos años a la nación de Israel, que se apartara de sus malos caminos pero ellos no hicieron caso. Por lo que siendo usado por el Señor para traer arrepentimiento al pueblo, Nabucodonosor atacó a Jerusalén tres veces:

1. El primer ataque, tuvo lugar en el año 606 A.C cuando los babilonios se llevaron parte de los utensilios del templo que Salomón había edificado, y tomaron cautivo a Daniel al junto de otros jóvenes del linaje real.

2. El segundo ataque, fue cuando tomó consigo un número mayor de cautivos al que había tomado anteriormente, incluyendo al profeta Ezequiel.

3. El tercer ataque, fue en el año 587 A.C. cuando Nabucodonosor ordenó que prendieran fuego a la ciudad.

Sin embargo, a pesar de que Daniel había sido tomado entre los cautivos, fue honrado por el rey Nabucodonosor quien le dio una posición muy alta dentro del imperio babilónico. Pero en el tiempo señalado tal como había sido predicho, el imperio babilónico cayó y en su lugar fue establecido el imperio medo-persa. Sin embargo, Daniel en ambos imperios mantuvo un puesto de suma importancia dentro del palacio, cumpliendo fielmente sus tareas para el bien del gobierno y dando buen testimonio acerca de Dios. Pero tal como la Biblia lo revela: «...*Todo trabajo y toda obra excelencia despierta la envidia del hombre contra su prójimo*» (Ver Ecles. 4:4) y el caso de Daniel, no fue la excepción. Observemos:

«Pareció bien a Darío constituir sobre el reino ciento veinte sátrapas, que gobernasen en todo el reino. Y sobre ellos, tres gobernadores de los cuales Daniel era uno, a quienes estos sátrapas diesen cuenta, para que el rey no fuese perjudicado. Pero Daniel mismo era superior a estos sátrapas y gobernadores, porque había en él un espíritu superior; y el rey pensó en ponerlo sobre todo el reino. Entonces los gobernadores y sátrapas buscaban ocasión para acusar a Daniel en lo relacionado al reino; mas no podían hallar ocasión alguna o falta, porque él era fiel, y ningún vicio ni falta fue hallado en él.

> Todo trabajo y toda obra de excelencia despierta la envidia del hombre contra su prójimo.

Entonces dijeron aquellos hombres: No hallaremos contra este Daniel ocasión alguna para acusarle, si no la hallamos contra él en relación con la ley de su Dios. Entonces estos gobernadores y sátrapas se juntaron delante del rey, y le dijeron así: Rey Darío, ¡para siempre vive! Todos los gobernadores del reino, magistrados, sátrapas, príncipes y capitanes han acordado por consejo que promulgues un edicto real y lo confirmes, que cualquiera que en el espacio de treinta días demande petición de cualquier dios u hombre fuera de ti, oh rey, sea echado en el foso de los leones. Ahora, oh rey, confirma el edicto y fírmalo, para que no pueda ser revocado, conforme a la ley de Media y de Persia, la cual no puede ser abrogada. Firmó, pues, el rey Darío el edicto y la prohibición.

Cuando Daniel supo que el edicto había sido firmado, entró en su casa, y abiertas las ventanas de su cámara que daban hacia Jerusalén, se arrodillaba tres veces al día, y oraba y daba gracias delante de su Dios, como lo solía hacer antes. Entonces se juntaron aquellos hombres, y hallaron a Daniel orando y rogando en presencia de su Dios. Fueron luego ante el rey y le hablaron del edicto real: ¿No has confirmado edicto que cualquiera que en el espacio de treinta días pida a cualquier dios u hombre fuera de ti, oh rey, sea echado en el foso de los leones? Respondió el rey diciendo: Verdad es, conforme a la ley de Media y de Persia, la cual no puede ser abrogada. Entonces respondieron y dijeron delante del rey: Daniel, que es de los hijos de los cautivos de Judá, no te respeta a ti, oh rey, ni acata el edicto que confirmaste, sino que tres veces al día hace su petición. Cuando el rey oyó el asunto, le pesó en gran manera, y resolvió librar a Daniel; y hasta la puesta del sol trabajó para librarle. Pero aquellos hombres rodearon al rey y le dijeron: Sepas, oh rey, que es ley de Media y de Persia que ningún edicto u ordenanza que el rey confirme puede ser abrogado». Entonces el rey mandó, y trajeron a Daniel, y le echaron en el foso de los leones. Y el rey dijo a Daniel: El Dios tuyo, a quien tú continuamente sirves, él te libre.

Y fue traída una piedra y puesta sobre la puerta del foso, la cual selló el rey con su anillo y con el anillo de sus príncipes, para que el acuerdo acerca de Daniel no se alterase.

Luego el rey se fue a su palacio, y se acostó ayuno; ni instrumentos de música fueron traídos delante de él, y se le fue el sueño.

El rey, pues, se levantó muy de mañana, y fue apresuradamente al foso de los leones. Y acercándose al foso llamó a voces a Daniel con voz triste, y le dijo: Daniel, siervo del Dios viviente, el Dios tuyo, a quien tú continuamente sirves, ¿te ha podido librar de los leones?

Entonces Daniel respondió al rey: Oh rey, vive para siempre.

Mi Dios envió su ángel, el cual cerró la boca de los leones, para que no me hiciesen daño, porque ante él fui hallado inocente; y aun delante de ti, oh rey, yo no he hecho nada malo.

Entonces se alegró el rey en gran manera a causa de él, y mandó sacar a Daniel del foso; y fue Daniel sacado del foso, y ninguna lesión se halló en él, porque había confiado en su Dios. Y dio orden el rey, y fueron traídos aquellos hombres que habían acusado a Daniel, y fueron echados en el foso de los leones ellos, sus hijos y sus mujeres; y aún no habían llegado al fondo del foso, cuando los leones se apoderaron de ellos y quebraron todos sus huesos.. 6:1-24 (RVR 1960).

En este pasaje, podemos observar varios elementos importantes. Pero con el fin de enfocar mejor nuestro punto, procederemos a resaltar solo tres:

1. Dios siempre nos otorga lo que necesitamos para dar cumplimiento cabal al propósito que nos ha asignado. (Ver 6:3)

2. El hecho de tener un espíritu superior al de los que estaban con él, jamás llevó a Daniel a sentirse autosuficiente. (Ver. 6:10)

3. Los ataques que Dios decide no impedir que lleguen a nosotros, es porque los utilizará para sacar de ellos un glorioso testimonio. (Ver. 6:26-28)

Y precisamente el hecho de Dios permitir que Daniel fuera echado en el foso de los leones, fue lo que sirvió de puente para que su poder fuera reconocido en todo aquel imperio; el que de no haber sido testigo de tan maravilloso acontecimiento, se hubiese mantenido endurecido en cuanto al modo como debían ver a Dios.

«Entonces el rey Darío escribió a todos los pueblos, naciones y lenguas que habitan en toda la tierra: Paz os sea multiplicada.

De parte mía es puesta esta ordenanza: Que en todo el dominio de mi reino todos teman y tiemblen ante la

Dios siempre nos otorga lo que necesitamos para dar cumplimiento cabal al propósito que nos ha asignado.

presencia del Dios de Daniel; porque él es el Dios vi- viente y permanece por todos los siglos, y su reino no será jamás destruido, y su dominio perdurará hasta el fin. Él salva y libra, y hace señales y maravillas en el cielo y en la tierra; él ha librado a Daniel del poder de los leones.» Vers. 25-27.

Lo acontecido con Daniel en este relato, una vez más deja perfectamente claro que Dios tiene todo el poder para librarnos de cualquier adversidad, por más terrible que esta sea. Sin embargo, no todos los testimonios terminan igual y el modo como Dios decide dar fin a las situacio- nes que atravesamos, no depende del amor que Él nos tiene, sino de lo que Él quiere extraer de las adversidades que enfrentamos.

En este punto quizás pensarás: «Pero no es justo que Dios me utilice para llevar a cabo sus planes sin buscar primero mi bienestar». Es aquí donde se hace necesario recordar lo que la Biblia nos dice con respecto a esto:

«Sabed que el Señor es Dios: él nos ha hecho y a él perte- necemos...» Sal. 100:3 (BLP)

«A todos los que llevan mi nombre. Yo los he creado. Yo los formé y los hice para gloria mía» Isa. 43:7 (RVA)

Ahora bien, es posible que al leer esto pienses: ¿Y qué hay de lo que establece el profeta Jeremías, diciendo que los planes del Señor son para bien y no para mal? (Jer. 29:11) En cuanto a esto te diré, que a veces esos planes de bien suelen ser totalmente diferentes, a lo que comúnmente nosotros consideramos como «bienestar». En otras palabras, el bien de Dios puede manifestarse de modo muy diferente a lo que la mente limitada del humano suele llamar «planes buenos» y solo un corazón entendido y dispuesto a dejarse usar para llevar a cabo el propósito absoluto del Señor, será capaz de entenderlo. A esto hace referencia el apóstol Pablo al decir:

«Porque para mí el vivir es Cristo, y el morir es ganancia. Mas si el vivir en la carne resulta para mí en beneficio de la obra, no sé entonces qué escoger. Porque de ambas cosas estoy puesto en estrecho, teniendo deseo de partir y estar con Cristo, lo cual es muchísimo mejor; pero quedar en la carne es más necesario por causa de vosotros» Fil. 1:21-24 (RVR 1960).

Al hacer una paráfrasis de lo dicho por el apóstol Pablo, obtenemos lo siguiente:

Para mí el vivir es Cristo... El Centro de mi vida es Cristo y a Él le he dado la supremacía de mi existencia.

El morir es ganancia... La muerte no representa para mí, ninguna pérdida. Porque partir y estar con Cristo, me resulta ser mucho mejor. Mas si el vivir en la carne resulta para mí en beneficio de la obra, no sé entonces qué escoger... Pero no quiero que lo que vaya a pasar conmigo dependa de mis deseos personales, sino que haga el Señor conmigo lo que vaya acorde con su perfecta voluntad y con lo que sea mejor para el beneficio de su obra.

Por tanto el «bienestar» de Dios, se manifiesta en cada uno de nosotros de forma diferente y de acuerdo al propósito específico que Él haya trazado para cada situación, y ni aún la muerte puede ser amenaza para aquellos que han asimilado esta verdad, porque *«Si vivimos, para el Señor vivimos; y si morimos, para el Señor morimos... Sea que vivamos o que muramos, del Señor somos».* Rom. 14:8 (RVR 1960).

El Caso de Esteban... Un testimonio diferente

Luego de observar el poderoso testimonio de Daniel, pasemos a considerar otro testimonio igual de glorioso, pero con un desenlace diferente. Se trata de un personaje a quien la Biblia describe como un fiel hombre de Dios, lleno de fe y del Espíritu Santo. Su nombre era Esteban, acerca de quien se nos revela nada sobre su vida personal;

nada se nos dice acerca de sus padres, sus hermanos, o de si tuvo esposa o hijos. Pero el texto sagrado sí se ocupa en detallar lo que es realmente importante para dejar establecido el modo como este hombre, dio gloria a Dios con su vida, siendo fiel en todo lo que hacía, aún cuando dicha fidelidad representó el hecho de tener que hacer frente a la misma muerte. Veamos de forma más amplia este cuadro, en su contexto:

> El «bienestar» de Dios, se manifiesta en cada uno de nosotros de forma diferente y de acuerdo al propósito específico que Él haya trazado para cada situación.

Luego de haber llevado a cabo su misión en la Tierra, justo antes de ascender al cielo, Jesús dijo a sus discípulos: «*Recibiréis poder, cuando haya venido sobre vosotros el Espíritu Santo, y me seréis testigos en Jerusalén, en toda Judea, en Samaria, y hasta lo último de la tierra*». Hech. 1:8 (RVR 1960).

«*Cuando llegó el día de Pentecostés, estaban todos unánimes juntos. Y de repente vino del cielo un estruendo como de un viento recio que soplaba, el cual llenó toda la casa donde estaban sentados; y se les aparecieron lenguas repartidas, como de fuego, asentándose sobre cada uno de ellos. Y fueron todos llenos del Espíritu Santo, y comenzaron a hablar en otras lenguas, según el Espíritu les daba que hablasen. Y el Señor añadía cada día a la iglesia los que habían de ser salvos».* Hech. 2:1-4, 47 (RVR 1960).

A raíz de tal manifestación del mover de Dios a través de Su Santo Espíritu, la iglesia primitiva crecía vertiginosa e imparablemente. De modo que los discípulos debieron comenzar a tomar medidas contundentes para cubrir las demandas de tal crecimiento; siendo una de estas medidas escoger a siete hombres piadosos, llenos del Espíritu Santo y de sabiduría para distribuir alimentos a las viudas, entre los cuales estaba Esteban.

Por otro lado, acerca de Esteban la Biblia también nos dice que estaba lleno de gracia y de poder, y que hacía grandes prodigios y señales entre el pueblo (Ver Hech. 6:8). Pero tal como vimos en el caso de Daniel, cada nivel de gloria viene acompañado de sus respectivos desafíos.

«Entonces se levantaron unos de la sinagoga llamada de los libertos y de los de Cirene, de Alejandría, de Cilicia y de Asia, disputando con Esteban. Pero no podían resistir a la sabiduría y al Espíritu con que hablaba. Entonces sobornaron a unos para que dijesen que le habían oído

hablar palabras blasfemas contra Moisés y contra Dios. Y soliviantaron al pueblo, a los ancianos y a los escribas; y arremetiendo, le arrebataron, y le trajeron al concilio. Y pusieron testigos falsos que decían: Este hombre no cesa de hablar palabras blasfemas contra este lugar santo y contra la ley; pues le hemos oído decir que ese Jesús de Nazaret destruirá este lugar, y cambiará las costumbres que nos dio Moisés.» Hech. 6:9-14 (RVR 1960).

Pero a pesar de las falsas acusaciones emitidas en su contra, Esteban no se amedrentó, sino que aprovechó el momento para plasmar con gracia, autoridad y denuedo lo que quizás pueda llamarse la historia más detallada y concisa de Israel y su relación con Dios, a través de los tiempos; les recordó al fiel patriarca Abraham, y cómo Dios lo había llevado de una tierra pagana a la tierra que le había prometido, donde hizo un pacto con él.

Habló de las jornadas del pueblo desde la estadía de José en Egipto, hasta su liberación a través de Moisés cuatrocientos años después. Les recordó repetidamente su contínua rebelión e idolatría a pesar de ser testigos oculares de las poderosas obras que el Señor había hecho. Les acusó tajantemente de no reconocer a Jesús como su Mesías, y de rechazarlo y asesinarlo como habían hecho con Zacarías y otros profetas, a lo largo de sus generaciones.

Naturalmente, estas acusaciones aunque eran absolutamente ciertas no fueron bien recibidas por los judíos, quienes al escuchar todo lo que Esteban había expuesto, se enfurecieron a tal punto que crujían los dientes contra él.

«Pero Esteban, lleno del Espíritu Santo, puestos los ojos en el cielo, vio la gloria de Dios, y a Jesús que estaba a la diestra de Dios, y dijo: He aquí, veo los cielos abiertos, y al Hijo del Hombre que está a la diestra de Dios». (Ver. 7:55-56). Al escuchar tal declaración, lo consideraron «blasfemo» y lo sentenciaron a muerte por lapidación, tal como lo establecía la Ley de Moisés.

«Entonces ellos, dando grandes voces, se taparon los oídos, y arremetieron a una contra él. Y echándole fuera de la ciudad, le apedrearon; y los testigos pusieron sus ropas a los pies de un joven que se llamaba Saulo. Y apedreaban a Esteban, mientras él invocaba y decía: Señor Jesús, recibe mi espíritu. Y puesto de rodillas, clamó a gran voz: Señor, no les tomes en cuenta este pecado. Y habiendo dicho esto, durmió». Vers. 57-60

En este punto, es importante resaltar que tanto en la historia de Daniel, como en la de Esteban podemos apreciar la manifestación del poder sobrenatural de Dios, obrando a través de estos dos siervos. De hecho, ambas historias tienen algunos elementos en común, como son:

1. El modo como cada uno vivía, trabajaba y daba testimonio acerca de Dios.

2. La disposición de morir por causa del Señor.

3. La forma en que el Señor utilizó ambos acontecimientos para la expansión de Su reino.

Esteban fue el primer mártir de la iglesia, el primero que estuvo dispuesto a dar su vida por causa de Cristo, y modeló de forma admirable el modo como debe hacerse.

La muerte de Esteban trajo como resultado una gran persecución para los primeros cristianos. Sin embargo, acerca de esto la Biblia nos dice: «...*Y todos fueron esparcidos por las tierras de Judea y de Samaria, salvo los apóstoles... Pero los que fueron esparcidos iban por todas partes anunciando el evangelio*». Hech. 8:1, 4

En otro orden, muchos comentaristas consideran que el modo como Esteban glorificó a Dios y dio testimonio de su fe, tuvo cierto efecto en el corazón de quien en ese momento fue uno de los que contribuyó con su muerte, pero que más adelante pasó a ser el hombre que Dios usó para escribir más del cuarenta por ciento de todo el nuevo testamento, su nombre: El apóstol Pablo.

Sin embargo, al leer esto quizás pienses: «Pero, si Dios los amaba a ambos ¿Por qué libró a Daniel de la muerte y a Esteban no?» la causa de esto es que en ocasiones, dar cumplimiento al propósito que Dios tiene con nosotros, va mucho más allá de solo ser librados para mantenernos enlazados a lo que es temporal. En otras palabras, a veces Dios nos libra a modo temporal (como en el caso de Daniel, a quien decidió extender sus días en la tierra) y en otras ocasiones libra permanentemente (como lo hizo con Esteban, a quien Dios permitió que le lapidaran, dándole con esto un pase a la eternidad, donde para las piedras o cualquier otro tipo de ataque, se volvió inalcanzable).

En conclusión, no todos los testimonios terminan igual. Pero cuando reconocemos que no vivimos para nosotros, sino para glorificar al Señor con nuestra vida, el modo como terminan los acontecimientos que tenemos que enfrentar, no nos vuelve ansiosos. Tal como expresa el apóstol Pablo en el pasaje siguiente:

«¿Podrá algo separarnos del amor de Cristo? Ni las dificultades, ni los problemas, ni las persecuciones, ni el hambre, ni la desnudez, ni el peligro ni tampoco la muer-

*te. Porque así está escrito: «Por ti estamos siempre en pe-
ligro de muerte, nos tratan como si fuéramos ovejas que
van al matadero». Más bien, en todo esto salimos más
que victoriosos por medio de Dios quien nos amó. Pues
estoy convencido de que ni la muerte ni la vida, ni los
ángeles ni los poderes diabólicos, ni lo presente, ni lo que
vendrá en el futuro, ni poderes espirituales, ni lo alto ni
lo profundo, ni ninguna otra cosa creada podrá separarnos del amor de Dios que se encuentra en nuestro Señor
Jesucristo».* Rom. 8:35-39 (PDT)

Principios del Capítulo

1. Mientras que lo que nos suceda esté dentro de la voluntad de Dios para nosotros, no debemos temer aunque tengamos que enfrentarnos con la misma muerte.

2. Los ataques que Dios decide no impedir que lleguen a nosotros, es porque los utilizará para sacar de ellos, un glorioso testimonio.

3. En ocasiones dar cumplimiento al propósito que Dios tiene con nosotros, va mucho más allá de solo ser librados para mantenernos enlazados a lo que es temporal.

4. No todos los testimonios terminan igual y el modo como Dios decide dar fin a las situaciones que atravesamos, no depende del amor que Él nos tiene, sino de lo que Él quiere extraer de las adversidades que enfrentamos.

5. La bondad de Dios puede manifestarse de modo muy diferente a lo que la mente limitada del humano suele llamar «planes buenos».

Capítulo IV

La presencia de la tormenta, no indica la ausencia de Dios

La presencia de la tormenta, no indica la ausencia de Dios

*S*in importar que tan estable parezca estar nuestra vida en áreas como la salud, el matrimonio, los hijos, las emociones o las finanzas; la adversidad puede inesperadamente tocarnos la puerta y echar por tierra todo lo que pensábamos teníamos seguro. Estas adversidades son semejantes a tormentas que al llegarnos, oscurecen nuestro cielo, azotan lo que tenemos y afectan el modo como vemos las cosas; llevándonos en ocasiones a decir: "Dios mío, yo no te siento. Por favor dime dónde estás".

Esto debido a que generalmente nuestra tendencia mental ante las adversidades, radica en creer que si Dios esta con nosotros no tendremos vicisitudes, y que si Él esta de nuestro lado todo estara bien y seremos librados de cualquier tipo de tormenta que quiera afectarnos. Ya que a muchos se les dificulta entender la bondad de Dios en medio de las tormentas de la vida, y se preguntan:

"¿Como es que si Dios esta conmigo, yo estoy a punto de perder mi casa?" "Si Él es compasivo, ¿Por qué permitió que muriera ese ser que tanto amaba?" O "Si realmente esta de mi lado, ¿Por qué no me libró para que esta enfermedad no me llegara?". Mientras que una y otra vez volvemos a decir: "Señor, por favor dime dónde estas porque no te veo".

Ante este tipo interrogantes es importante recordar que una de las cosas que toda tormenta hace, es afectar nuestra visibilidad impidiendonos ver lo que tenemos delante. Por eso la Palabra de Dios nos dice que debemos andar por fe y no por vista (Ver 2 Cor. 5:7)

> Una de las cosas que toda tormenta hace, es afectar nuestra visibilidad impidiendonos ver lo que tenemos delante.

Ya que la manifestación de las tormentas que enfrentamos, jamás serán un indicador de la ausencia del Dios en el que hemos confiado. Respecto a esto, Jesús nos hizo la siguiente promesa: *"De una cosa podrán estar seguros: Yo estaré con ustedes siempre, hasta el fin del mundo".* Mat. 28:20 (NBV)

Esta promesa es una de las más poderosas en todas las

Sagradas Escrituras. Pero ¿Qué es una promesa? Una promesa, es lo que se da por anticipado y sirve como garantia de cumplimiento de lo que se ha acordado. Por lo que al hacer una parafrasis de lo dicho por Jesus en este pasaje, obtenemos lo siguiente:

"De una cosa podrán estar seguros..." Aunque la visibilidad de ustedes sea afectada por causa de los acontecimientos dolorosos que en ocasiones tendran que enfrentar, jamas duden de esto...

"Yo estaré con ustedes siempre..." Podran contar con mi presencia todo el tiempo, tanto en los dias buenos como en los dias malos. Porque pase lo que pase, y venga lo que venga aunque ustedes no me sientan, Yo siempre estaré a su lado.

Sin embargo, el hecho de que Jesús este siempre presente no significa que siempre se haga sentir. Ya que ante la toma de toda prueba, los maestros generalmente hacen silencio.

En otro orden, es importante identificar la causa por la que surgen o se manifiestan los diferentes acontecimientos que azotan nuestras vidas. Ya que existe una marcada diferencia entre una prueba, un proceso, un ataque y

una consecuencia; diferencia que explicamos detallada-
mente en el contenido de este libro mas adelante y que el
hecho de comprender, nos ayuda a reconocer de qué
somos y de qué no somos responsables.

> Ante la toma de toda prueba, los maestros generalmente hacen silencio.

Tal reconocimiento nos
lleva a entender nuestra
necesidad de depender
solo del Señor, cuando el
asunto no haya sido por
causa de nosotros; y nos da
la oportunidad de mejorar
lo que sea necesario, cuando lo que nos ha tocado
enfrentar haya venido por causa nuestra.

En otras palabras, debemos identificar las cosas de las
que somos responsables, ya que no es de sabios culpar a
otros ni descargar las consecuencias de nuestras malas
acciones sobre el entorno o las circunstancias adversas
que podamos estar enfrentando. Porque cuando culpamos a alguien o a algo de lo que nos pasa, admitimos
que estamos a merced de aquello en lo que descargamos
la culpa.

Esta manera irresponsable de querer evadir los erro-
res, fue la misma que usaron Adán y Eva, culpándose

mutuamente luego de haber pecado para tratar de aliviar sus conciencias. Y en honor a la verdad, esta es la forma más inapropiada de nosotros enfrentar lo que de haber procedido mejor, hubiésemos podido evitar.

Por otro lado, también debemos reconocer las cosas por las que no somos responsables. Ya que tan importante como entender de qué somos responsables, es comprender de cuales cosas no lo somos. Porque aunque ciertamente somos responsables de nuestras acciones, no lo somos de las acciones de los demás.

En otras palabras, nuestro libre albedrío esta bajo nuestro control, pero no controlamos el libre albedrío que tienen otros. Ni siquiera Dios es responsable del modo como decidimos manejarnos; ya que Él quiere que procedamos bien, pero Él no nos obligará a tomar las decisiones de bien que nos corresponde tomar a nosotros. De hecho, aunque Jesucristo derramó su sangre para el perdón de los pecados de todos nosotros, si el hombre desea recibir tal perdón debe reconocer que lo necesita, y debe además procurarlo.

> Tan importante como entender de qué somos responsables, es comprender de cuales cosas no lo somos.

Si quieres saber que tan firme es una edificación, observa las tormentas que ha sido capaz de soportar sin desplomarse

Sin importar qué tan firme cada uno piense que es su fundamento, nuestro fundamento es tan firme como las pruebas que aguantamos sin desplomarnos. Entonces... ¿Qué tan firme es el fundamento tuyo?

Si nuestra relación con el Señor esta basada solo en lo que Él puede hacer por nosotros, ¿Qué pasará con nuestro fundamento cuando las cosas no marchen del modo como esperábamos?

> Nuestro fundamento es tan firme como las pruebas que aguantamos sin desplomarnos.

Dicho de otra forma, quizás confías en Dios porque Él sana la gente. Pero ¿Seguirías confiando en Él, si decide no sanar y permitir que esa persona enferma se muera? Otros confían en Dios porque es Proveedor por excelencia. Pero ¿Qué sucedería si se vence el plazo para cumplir con un determinado compromiso y el dinero necesario no ha sido provisto? Algunos se apoyan de una manera firme en el hecho de que Dios cuida y protege nuestros hijos. Pero

¿Qué sería de tu fe, si alguno de ellos comienza a drogarse, comete algún delito o manifiesta algún tipo de conducta que no esperabas ver en él o en ella? Nuestra relación con Dios como Padre debe estar fundamentada en lo que Él es para nosotros, y no en lo que Él puede hacer por nosotros.

Ya que de lo contrario, cuando las cosas no salgan como esperábamos, nuestro fundamento se debilitará y en el peor de los casos, se desplomará. Por esta causa el apóstol Pablo nos aclara … *"Por fe andamos no por vista"*. 2 Cor. 5 (RVR 1960)

Ahora bien, ¿Qué es la fe?

Según el libro de Hebreos 11:1 la fe es: La sustancia de lo que se espera y la convicción de lo que no se ve.

Según la traducción del "griego" (idioma en el que originalmente el término fue escrito) la definición de fe, es "pistis" y se traduce como: "persuasión, credibilidad, convicción, constancia y fidelidad".

Dicho esto, cabe destacar que además del concepto antes expuesto, la Biblia nos muestra de forma implícita otros tipos de fe, como son las siguientes:

La Fe Carnal o Material: Se basa en la confianza en las cosas visibles, palpables y materiales como son: el dinero, los negocios, las inversiones o algun sistema de gobierno. Como podemos apreciar en el siguiente ejemplo:

"También les refirió una parábola, diciendo: La heredad de un hombre rico había producido mucho. Y él pensaba dentro de sí, diciendo: ¿Qué haré, porque no tengo dónde guardar mis frutos? Y dijo: Esto haré: derribaré mis graneros, y los edificaré mayores, y allí guardaré todos mis frutos y mis bienes; y diré a mi alma: Alma, muchos bienes tienes guardados para muchos años; repósate, come, bebe, regocíjate. Pero Dios le dijo: Necio, esta noche vienen a pedirte tu alma; y lo que has provisto, ¿de quién será? Así es el que hace para sí tesoro, y no es rico para con Dios". Luc. 12:16-21 (RVR 1960)

Fe natural o humana: Es producto del conocimiento humano, se basa en la intelectualidad, surge del razonamiento logico y no reconoce el valor de la fe en terminos espirituales. Como ejemplo de esto, tenemos el siguiente pasaje:

"Se levantaran los reyes de la tierra y principes consultaran unidos contra Jehova y contra su ungido diciendo: Rompamos sus ligaduras, y echemos de nosotros sus cuerdas". Sal. 2:2-3 (RVR 1960)

Fe ciega: Se basa en la superstición, en mentiras y creencias falsas. Tal como lo vemos en el pasaje siguiente: *"Y cierto hombre llamado Simón, hacía tiempo que estaba ejerciendo la magia en la ciudad y asombrando a la gente de Samaria, pretendiendo ser un gran personaje; y todos, desde el menor hasta el mayor, le prestaban atención, diciendo: Este es el que se llama el Gran Poder de Dios"*. Hech. 8:9-10 (RVR 1960)

Fe emotiva: Se basa en la palabra que recibe en un determinado momento; es efusiva y no duradera, ya que no cuenta con las raíces necesarias para resistir la adversidad.

Acerca de este tipo de fe, tenemos el siguiente ejemplo: *"Entonces le respondió Pedro, y dijo: Señor, si eres tú, manda que yo vaya a ti sobre las aguas. Y él dijo: Ven. Y descendiendo Pedro de la barca, andaba sobre las aguas para ir a Jesús. Pero al ver el fuerte viento, tuvo miedo; y comenzando a hundirse, dio voces, diciendo: ¡Señor, sálvame! Al momento Jesús, extendiendo la mano, asió de él, y le dijo: ¡Hombre de poca fe! ¿Por qué dudaste?"*. Mat. 14:28-31 (RVR 1960)

Fe muerta: Esta basada en teoría; presume conocer a Dios, pero con sus hechos lo niega y no muestra ningún tipo de fruto. Acerca de este tipo de fe, el apostol Santiago nos dice lo siguiente:

"Hermanos míos, ¿de qué aprovechará si alguno dice que tiene fe, y no tiene obras? ¿Podrá la fe salvarle?... Así también la fe, si no tiene obras, es muerta en sí misma". Sant. 2:14-17 (RVR 1960)

Además de lo antes expuesto, existe otra clasificación bíblica en cuanto a la fe, que es la siguiente: La fe salvadora, el don de fe y la fe como fruto.

Fe salvadora: Es la fe que todo hombre debe depositar en Jesucristo, porque es el canal por el cual recibimos su gracia y su favor.

"Ellos dijeron: Cree en el Señor Jesucristo, y serás salvo, tú y tu casa". Hech. 16:31 (RVR 1960)

El don de fe: Este nivel de fe, corresponde a uno de los nueve dones que el Espíritu Santo da a los creyentes para la edificación del cuerpo de Cristo, y lo poseen solo aquellos a quienes el Espiritu Santo le ha placido entregarlo.

*"Ahora bien, hay diversidad de **dones**, pero el Espíritu es el mismo... Pero a cada uno le es dada la manifestación del Espíritu para provecho. Porque a éste es dada por el Espíritu palabra de sabiduría; a otro, palabra de ciencia según el mismo Espíritu; **a otro, fe por el mismo Espíritu**; y a otro, dones de sanidades por el mismo Espíritu"*. 1 Cor. 12:4,7-9 (RVR 1960)

El fruto de la fe: Este tipo de fe hace referencia al que una persona que ha nacido de nuevo posee. Dicha fe crece, se fortalece y es sometida a prueba.

"Para que sometida a prueba vuestra fe, mucho más preciosa que el oro, el cual aunque perecedero se prueba con fuego, sea hallada en alabanza, gloria y honra cuando sea manifestado Jesucristo" 1 Ped. 1:7 (RVR 1960)

Nuestro carácter es moldeado cuando aprendemos a perseverar en medio de las dificultades

Resulta ser muy preocupante ver como la mayoría de los mensajes y enseñanzas que hoy se llevan a las iglesias, se basan en la exposición de una "fe" orientada en la evasión de los problemas y pruebas; en lugar de enseñar a los creyentes a soportar y afrontar estos escenarios temporales para probar que nuestra confianza está puesta en aquel que es nuestra Roca Eterna. Por lo que aludiendo a esto, volvamos a considerar lo dicho por el apóstol Pedro:

"Eso es motivo de alegría para ustedes, aunque durante un tiempo tengan que soportar muchas dificultades que los

entristezcan. **Tales dificultades serán una gran prueba de su fe, y se pueden comparar con el fuego que prueba la pureza del oro.** *Pero su fe es más valiosa que el oro, porque el oro no dura para siempre. En cambio,* **la fe que sale aprobada de la prueba dará alabanza, gloria y honor a Jesucristo cuando él regrese.** *Ustedes no han visto jamás a Jesús, pero aún así lo aman. Aunque ahora no lo pueden ver, creen en él y están llenos de un gozo maravilloso que no puede ser expresado con palabras. Eso significa que están recibiendo la salvación que es el objetivo final de su fe".* 1 Ped. 1:6-9 (PDT)

En este pasaje, una vez mas podemos apreciar que el hecho de amar a Dios y servirle fervientemente, no nos exonera de dificultades, pero nos garantiza que cada prueba que enfrentamos contribuirá al fortalecimiento de nuestra fe. En otras palabras, la fe no es positivismo; porque el positivismo te lleva a creer que todo estará bien, mientras que la fe te da la certeza de que sin importar lo que pase, Dios lo usará para tu bien.

Por lo que una vez más, te invito a hacerte la siguiente interrogante… ¿En qué has basado tu fe? La respuesta que puedas dar a esto, determina si tu fe será resistente ante cualquier prueba, o si decaerá ante las tormentas que inevitablemente todos tendremos que enfrentar en algún momento de la vida.

En algunas ocasiones, Dios permitirá que todo en tu mundo se descomponga, para luego volverlo a componer; mientras que como un padre orgulloso de su hijo te dirá: «¡Lo hiciste bien! Sabía que lo podías hacer, y por causa de lo que has pasado sin apartarte de mí, demuestras que eres un verdadero hijo».

Tu nivel de madurez se mide por el modo como respondes ante la tragedia y el caos

La forma como te manejas cuando parece que todo se derrumba, revela que tan maduro eres; ya que el verdadero nivel de madurez de alguien, siempre se distingue por el modo cómo maneja la presión. Por tanto, no conocemos verdaderamente a alguien hasta que no hayamos visto su reacción frente al caos, porque es en el caos y la presión donde queda expuesto su verdadero carácter y donde se hace evidente la capacidad que tiene para mantenerse firme ante lo inesperado.

> El positivismo te lleva a creer que todo estará bien, mientras que la fe te da la certeza de que sin importar lo que pase, Dios lo usará para tu bien.

Entonces es importante que consideres lo siguiente: ¿Tienes tú el tipo de fe que se mantiene firme y crece ante los azotes de la vida? O ¿Tu mundo tiene que permanecer impecablemente ordenado e imperturbable para que te puedas mantener firme en tu fe?

Para no desplomarnos en un mundo lleno de desafíos continuos, necesitamos renunciar a la ambivalencia y desarrollar el tipo de carácter, que sea capaz de resistir ante cualquier azote que nos pueda venir.

> No conocemos verdaderamente a alguien hasta que no hayamos visto su reacción frente al caos

En cuanto a esto, la palabra de Dios hace una conexión clara entre la fe y la resistencia a través de las pruebas, que queda claramente revelada en el pasaje siguiente:

«*Siempre debemos dar gracias a Dios por ustedes, hermanos. Es lo justo porque su fe y su amor fraternal están creciendo mucho. Nos sentimos muy orgullosos de ustedes y se lo decimos abiertamente a las iglesias de Dios. Porque, **aunque han sido perseguidos y están sufriendo muchos problemas, ustedes soportan todo con paciencia y fe.** Esto demuestra el juicio justo de Dios para que ustedes sean dignos de entrar en el reino de Dios por el cual ahora sufren*». 2 Tes. 1:3-5 (PDT)

Como podemos apreciar aquí, los cristianos en la ciudad de Tesalónica pasaron por persecuciones y sufrimientos acerca de los cuales, Pablo les aclaró que eran por causa del reino de Dios.

Pero ¿Cuál fue el resultado de esta persecución en estos hermanos? ¿Se rindieron, sucumbieron o abandonaron su fe? ¡Absolutamente no! Por el contrario, soportaron, resistieron y se mantuvieron firmes de tal manera que su fe acrecentaba cada vez más mientras también aumentaba el amor que sentían unos por los otros.

Por esta causa, desarrollaron una reputación de soporte y perseverancia que fue digna de ser mencionada en las demás iglesias de Dios. Y es que el hecho de mantenernos firmes frente a las tormentas, hace que demos testimonio vivo de que Jesús es la Fortaleza que nos sustenta.

No podemos escapar de las pruebas de la vida, pero sí podemos permanecer firmes ante ellas por medio de la paz que recibimos cuando nos aferramos al Señor.

"Les digo todo esto para que encuentren paz en su unión conmigo. En el mundo, ustedes habrán de sufrir; pero tengan valor: yo he vencido al mundo". Jn 16:33 (DHH)

A las personas generalmente no les causa impresión

nuestra fe durante la época de prosperidad, porque cualquiera puede creer en Dios cuando todas las cosas van bien; pero a todos les interesa ver qué hace el pueblo que cree a Dios, cuando las cosas se ponen difíciles.

Si todo lo que tenemos son buenas historias que contar, entonces las personas que nos escuchan, concluirán que el servir a Dios funciona como un "trueque" en el que nosotros nos encargamos de servirle, mientras Él se encarga de complacer todos nuestros deseos, y esa será la causa por la que ellos también querrán tener al Señor en sus vidas. Pero cuando nos vean pasar por el fuego sin tener miedo a quemarnos, nos convertiremos en una buena referencia para ellos acerca del modo en el que realmente debemos servir a Dios. Porque no nos ganamos el respeto del mundo que nos observa solo por las cosas de las que somos librados, sino por las pruebas de las que salimos aprobados.

> El hecho de mantenernos firmes frente a las tormentas, hace que demos testimonio vivo de que Jesús es la Fortaleza que nos sustenta.

Por tanto, pido a Dios que a partir de este día (acerca de

los sufrimientos y dificultades que puedas estar enfrentando) sea dicho de ti, lo que acerca de la iglesia de Tesalónica el apóstol Pablo pudo decir: *«Nos sentimos muy orgullosos de ustedes y se lo decimos abiertamente a las iglesias de Dios»*. 2 Tes. 1:4 (PDT).

Cualquiera puede creer en Dios cuando todas las cosas van bien; pero a todos les interesa ver qué hace el pueblo que cree a Dios, cuando las cosas se ponen difíciles.

Principios del Capítulo

1. La manifestación de las tormentas que enfrentamos, jamás serán un indicador de la ausencia del Dios en el que hemos confiado.

2. Cuando culpamos a alguien o a algo de lo que nos pasa, admitimos que estamos a merced de aquello en lo que descargamos la culpa.

3. Nuestra relación con Dios como Padre debe estar fundamentada en lo que Él es para nosotros, y no en lo que Él puede hacer por nosotros.

4. El hecho de amar a Dios y servirle fervientemente, no nos exonera de dificultades, pero nos garantiza que cada prueba que enfrentamos contribuirá al fortalecimiento de nuestra fe.

5. No nos ganamos el respeto del mundo que nos observa solo por las cosas de las que somos librados, sino por las pruebas de las que salimos aprobados.

Capítulo V

¿Quiebres Inesperados?

¿Quiebres Inesperados?

*E*s uno de los lugares turísticos más visitados del mundo, con un promedio de 3.5 millones de visitantes cada año y una belleza tan deslumbrante, que deja fascinado a todo el que tiene la oportunidad de visitarlo. Está ubicado en el casco antiguo de Teherán capital de Irán y su nombre es, el Palacio de Golestan. Cuya impresionante edificación es considerada como uno de los trabajos en mosaico, más hermosos de todo el mundo, en el que sus techos y paredes resplandecen como diamantes en reflejos multifacéticos.

Sin embargo, por encima de toda su belleza hay un elemento que resulta ser aún mucho más fascinante acerca de este gran palacio, y es la razón por la que se le dio la maravillosa apariencia que posee. Ya que en el plano original de la edificación, llevaba como diseño colocar grandes paneles de espejos en las paredes, con el fin de embellecer el espacio. Sin embargo, cuando llegó el primer cargamento de espejos transportado desde París, hallaron que los mismos se habían quebrado durante el viaje. Tal hallazgo dejó horrorizado al equipo a cargo del desembarque encabezado por el contratista; quien procedió a echar los espejos a la basura para luego llevar las tristes nuevas de lo acontecido al arquitecto del proyecto. Pero en vez de incurrir en lamentaciones, sorprendentemente el arquitecto ordenó que volvieran a sacar de la basura los espejos quebrados, para proceder a completar la rotura de los mismos haciendo quiebres más pequeños, que al colocar en las paredes del palacio, le dieron la majestuosa apariencia de plateados mosaicos, cargados de brillantes.

De igual modo, aunque Dios no haya gestado el quiebre de lo que en ocasiones se nos rompe, Él quiere que nos armemos de coraje, gallardía y valor para tomar lo que inesperadamente se quebró y sacar de ello, diseños que sirvan de inspiración a la vida de otros. Sin embargo, al leer esto quizás pienses: «Que fácil es decirlo, pero ¿Cómo puede hacer eso alguien que le diagnosticaron una enfermedad que no tiene cura? ¿Cómo se aplica esto alguien que se le haya muerto un hijo? O ¿Cómo se pone en práctica este argumento, cuando un matrimonio de largos años se quebró y se deshizo?

Con el fin de responder a estas valiosas preguntas, quiero proceder a recordarte dos cosas:

> Donde el contratista vio ruinas, el arquitecto vio una gran obra de arte.

1. SIGUES VIVO TODAVÍA: Es de suma importancia que entiendas que según los planos de Dios, independientemente de cuán terrible sean tus circunstancias, tu historia en la tierra no ha llegado a su fin todavía.

2. SI OTROS HAN RECONSTRUIDO CON SUS PEDAZOS... TÚ TAMBIÉN PUEDES HACERLO: En cuanto a esto, quiero recordarte que aunque ciertamente a veces no puedes controlar lo que te pasa, siempre será tuya la decisión de cómo determinas usar lo que pasas. Volviendo al ejemplo del Palacio de Golestan, resulta interesante ver como ante el mismo acontecimiento, la decisión del contratista fue tirar lo que se había quebrado a la basura; pero la del arquitecto, fue tomarlo para hacer de ello un mejor diseño que el que se había planeado en un principio.

Usando la tragedia para aportar una respuesta

Uno de los golpes más terribles que puede experimentar el corazón de una madre o de un padre que verdaderamente ama a su hijo, es verlo morir. Acontecimiento que resulta ser mucho más doloroso, cuando la causa de dicha muerte se debe a la irresponsabilidad y desorientación de alguien.

Ante tal realidad, muchos padres se han dejado hundir por la depresión, se han turbado por la confusión y han perdido el deseo de seguir adelante. Sin embargo, este no fue el modo como Candy Lightner enfrentó la muerte de su amada hija Cari, cuando el 3 de Mayo del 1980, mientras caminaba por una de las calles de los suburbios de California, con solo trece años de edad fue asesinada por un conductor ebrio. Noticia de la que al enterarse, Candy quedó desgarrada. Pero utilizó ese terrible dolor como impulso, para contraatacar de forma proactiva lo que había sido la causa de dicho mal. Y poco tiempo después del funeral de su hija, Candy reveló lo siguiente: «El día de la muerte de Cari, prometí que lucharía incansablemente para hacer que este homicidio innecesario, cuente para algo positivo en los años venideros».

Así que comenzó a trabajar arduamente para iniciar una organización que ha alcanzado un grado de popularidad y apoyo alarmante, en los Estados Unidos y otras naciones a las que se ha extendido. Dicha organización, lleva como nombre Mothers Against Drunk Driving (MADD) lo que se traduce como: Madres en contra de los conductores ebrios. Orientada en tres áreas de desempeño principales, que son:

1. Brindar soporte a través de un programa integral de apoyo y provisión de recursos para personas que han perdido un ser querido, o han sufrido una lesión grave como resultado de un accidente provocado por la conducción bajo los efectos del alcohol.

2. Educar a la población a través de campañas de concientización sobre los peligros de conducir bajo los efectos del alcohol.

3. Demandar y promover una legislación con el justo juicio para la debida penalización de este crimen.

Y es que ante la trágica muerte de su amada hija, Candy tenía solo dos opciones: Sentirse víctima y dejarse embargar por el dolor causado por dicha pérdida, o utilizar ese dolor como catalizador, para producir una respuesta ante la necesidad de disminuir el acontecimiento de tragedias similares a la que había vivido ella; y como ya nos dimos cuenta, ella tomó la decisión mejor. Y tú, ¿Qué vas a decidir hacer con lo que enfrentas?

Lo que no funciona, no debería hacer disfuncional aquello que sí puede hacerlo

Siendo a penas de 21 años de edad y a punto de contraer matrimonio con su primera esposa, comenzaron a manifestársele los síntomas de un tipo de enfermedad motoneuronal denominada Esclerosis Lateral Amiotrófica (ELA). El nombre de dicho joven fue Stephen Hawking, quien quedó en una condición de discapacidad a causa de esta enfermedad, que fue agravando su estado con el paso de los años hasta dejarlo casi completamente paralizado.

Pero eso no le impidió mantener la contínua actividad científica y pública por la que estaba caracterizado. Y a pesar de que los médicos le habían pronosticado solo dos años de vida, Hawking sobrevivió 55 años padeciendo de esta enfermedad; que aunque ciertamente iba en progreso, con ella también avanzaba la manifestación de los dotes y habilidades que Stephen poseía, con el fin de dejar huellas indelebles en su paso por la tierra.

Su condición no mejoraba y en 1985 se le practicó una traqueotomía que hizo que perdiera la voz, causa por la que más adelante para poder comunicarse debía hacerlo por medio de un sintetizador de voz. Sumado a esto, paulatinamente fue perdiendo el uso de sus extremidades, así como el resto de la musculatura voluntaria, incluyendo la fuerza del cuello para mantenerse con la cabeza erguida; con lo que prácticamente su movilidad se tornó nula.

Su condición de parálisis llegó a ser tan extrema que la silla de ruedas que utilizaba para movilizarse, estaba controlada por un ordenador que manejaba a través de leves movimientos de cabeza y ojos. Pero aun así, con la contracción voluntaria de una de sus mejillas, componía palabras y frases utilizando su sintetizador de voz.

Stephen Hawking, fue considerado por muchos como el hombre más inteligente de su generación. Quien aunque tuvo que pasar la mayor parte de su vida en una silla de ruedas sin poder hacer mucho más que permanecer sentado y pensar, la revista Omni, dijo acerca de él: «Su mente es una pizarra. Él memoriza la larga cadena de ecuaciones que dan vida a sus ideas y luego dicta los resultados a sus colegas o a su secretaria. Una hazaña que ha sido comparada con la de Beethoven escribiendo toda su sinfonía en su mente, o con la de John Milton al dictar El Paraíso Perdido, a su pequeña hija».

También acerca de él, la misma revista dijo en otra ocasión: «Alguien debe ayudarle a escribir, a alimentarse a peinarse y ponerse los anteojos. Sin embargo, las áreas no funcionales de este hombre, se pierden entre la brillantez de su contínua productividad, aún desde la condición en la que se encuentra.»

Stephen Hawking, no tuvo el debido acercamiento a su Creador ni lo reconoció como debía de hacerlo, razón por la que su caso resulta ser altamente instructivo para los que sí conocemos al Señor y vivimos por fe. Porque si él desconociendo a Quien es la Fuente de la fortaleza humana, actuó de forma tan proactiva ante la tragedia que tuvo que enfrentar en su vida, nosotros con mucho más gallardía, coraje y fortaleza deberíamos hacerlo.

Antes de enfermarse, Hawking confesó en una ocasión que padecía muy poco interés en la vida. «Siempre me sentía aburrido y pensaba que mi existencia no tenía sentido» pronunció. Pero cuando se enteró de que padecía esclerosis amiotrófica lateral, y que no debía esperar vivir más de dos años, el resultado final de ese diagnóstico (después de la conmoción emocional que le produjo al principio) fue extremadamente positivo. De hecho, Hawking llegó a hacer la sorprendente declaración de que había sido más feliz después de tener la enfermedad, que lo que había sido antes de tenerla.

Pero ¿Cómo puede ser esto cierto? alguien le preguntó, a lo que Hawking respondió: «Cuando nuestras expectativas se reducen a cero, realmente apreciamos todo lo que tenemos. Ya que gran parte de nuestra satisfacción en la vida depende de lo que la persona espera recibir de ésta». Por lo que para un hombre como el doctor Hawking, quien pensó que iba a morir en solo meses, todo adquiere un nuevo significado: La salida del sol, un paseo por el parque o la risa de los niños. De pronto, cada pequeño detalle se convierte en algo muy valioso. En contraste a esto, las personas que creen que la vida les debe algo, a veces se sienten insatisfechos con lo mejor que reciben de ella.

Finalmente, en los últimos años de su vida (acerca de sus limitaciones físicas) el doctor Hawking, dijo lo siguiente: «Si usted tiene algún impedimento, debe emplear sus energías en las

> Cuando nuestras expectativas se reducen a cero, es cuando verdaderamente apreciamos todo lo que tenemos.

áreas en que no tiene ningún problema. Debe concentrarse en lo que puede hacer bien, y no lamentarse por lo que no puede hacer. Una persona que tiene alguna discapacidad física no puede darse el lujo de también estar incapacitado en las áreas que aún pueden ser funcionales. En otras palabras, aunque ciertamente cada adversidad de la vida puede traer consigo ciertos límites, quejarse y tener lástima de sí mismo son reacciones mortales, aunque parezcan lógicas y nos hagan sentir mejor. Por lo que una persona que enfrenta cualquier tipo de crisis, se fortalecerá o se desalentará dependiendo de la actitud que decida tomar ante esta.»

Algo similar a esto, es lo que también establecen los biólogos en lo que llaman «la ley de la adversidad» aplicada al mundo de las plantas y de los animales, en la que se considera que el bienestar contínuo y habitual, no es provechoso para ninguna especie. Porque una existencia sin desafíos produce víctimas entre casi todos los seres vivientes.

> Ante cualquier tipo de crisis que tengas que enfrentar, te fortalecerás o te desalentarás, dependiendo de la actitud que decidas tomar ante esta.

En cuanto a nosotros los cristianos, la Biblia dice que las pruebas que nos llegan desarrollan nuestra fe (Ver Santiago 1:2-4) y acerca de lo mismo, observemos lo que también dijo el salmista: «*El sufrimiento me hizo bien, porque me enseñó a prestar atención a tus decretos.*» Sal. 119:71 (NTV).

PRINCIPIOS DEL CAPÍTULO

1. Aunque Dios no haya gestado el quiebre de lo que en ocasiones se nos rompe, Él quiere que nos armemos de coraje, gallardía y valor para tomar lo que inesperadamente se quebró y sacar de ello, diseños que sirvan de inspiración a la vida de otros.

2. Aunque a veces no puedes controlar lo que te pasa, la decisión de cómo responderás frente a ello siempre será tuya.

3. Cada adversidad de la vida puede traer consigo ciertos límites, pero quejarse y tener lástima de sí mismo, son reacciones mortales, aunque parezcan lógicas y nos hagan sentir mejor.

4. Si tienes algún impedimento, debes emplear tus energías en las áreas en que no tienes ningún problema. Debes concentrarte en lo que puedes hacer bien, y no lamentarte por lo que no puedes hacer.

5. Una existencia sin desafíos produce víctimas entre casi todos los seres vivientes.

Capítulo VI

Sé que estás hecha pedazos

Sé que estás hecha pedazos

Quebrada, acongojada y sintiéndome incapaz de resistir tanto dolor; así me sentía aquella tarde en la que me hallaba tirada en el piso del baño de uno de los centros comerciales de New Jersey, en el que nos detuvimos mientras viajamos desde Atlantic City, donde acabábamos de cumplir con un compromiso ministerial y nos dirigíamos a Nueva York, para visitar parte de mi familia que reside allá.

Las luces de aquel lugar eran brillantes, pero para mí, uno de los lugares más oscuros en los que había estado en toda mi vida; al que no me importaba en absoluto quién entraba o quien salía, quien me señalaba o quien me reconocía, quien me murmuraba o quien al mirarme se entretenía. Cabeza abajo y apretando mis piernas, solo decía: «Señor, por favor dame fuerzas para poder resistirlo».

Entonces se me acercó una joven mujer que preguntó: ¿Es usted Yesenia?» a quien mientras secaba mis lágrimas y trataba de recuperar mi tono normal de voz, le respondí: «Sí, dígame». Ella me dijo: «Hay un señor afuera que me dijo que le pida que salga». «Okay, gracias» le respondí. Con un gesto que buscó acercarse lo más que pude a una agradable expresión facial. Acto seguido, me puse en pie y salí como me lo había pedido aquel hombre, a quien al tener de frente, con lágrimas en los ojos le pregunté: ¿Tú tienes idea de cómo me siento? Y mientras él secaba mi rostro, respondió: «Yo sé que estás hecha pedazos».

Pero ¿Cuál era la razón? Antes de desarrollar el contenido que leerás a continuación, quiero aclarar que el mismo, en ninguna manera busca dañar o afectar la imagen del hombre que amé con todo mi corazón, el padre de mis dos hijos y con quien estuve casada por más de diecinueve años. Tampoco busco con esto tomar una posición de víctima o querer ganar la compasión de los lectores. Sino que tal como se lo hemos pedido en oración al Señor, nuestro único objetivo al compartir este contenido es poder inspirar a las miles de personas que hayan pasado o estén pasando por algo similar a esto, a no confundir un mal capítulo, con el final de su historia.

Adiós Nueva York

Totalmente enamorada y convencida de que me casaría con el hombre que Dios había señalado para mí, me dispuse a partir de Long Island, Nueva York (lugar donde había vivido por varios años) para retornar a San Francisco de Macorís, República Dominicana, lugar que me había visto nacer y donde también había conocido a aquel pastor a quien desde el principio de nuestra relación además de considerarlo como el hombre ideal para mí, lo vi como guía, líder y maestro. A este hombre, siempre le estaré agradecida por lo mucho que me enseñó y por todo lo que me impulsó en los primeros años de mi formación cristiana. Ya que cuando nos casamos, yo solo tenía algo más de un año de haberle entregado mi vida al Señor y él por su parte era pastor desde hacía aproximadamente diez años.

En nuestros primeros años de unión matrimonial, tuvimos que enfrentar grandes desafíos. Entre ellos, la falta de aceptación de nuestra unión por parte importante de mi familia y de varios miembros de la congregación que él pastoreaba. En el caso de la congregación, la causa principal del rechazo fue la falta de cualidades que yo presentaba en ese momento para poder llenar las expectativas que ellos tenían, acerca de quién (a su parecer) debía ser la esposa de su pastor. Ya que para ese tiempo él tenía veintiocho años de edad, mientras que yo apenas acababa de cumplir dieciocho; había sido pastor por varios años, mientras que yo solo llevaba meses de haberme convertido.

Por otro lado, estaba el descontento de gran parte de mi familia que no entendía cómo era que si me hallaba en los Estados Unidos, a punto de entrar a la universidad y sin que me faltara nada (materialmente hablando) había tomado la extraña decisión de regresar a mi ciudad natal a unir mi vida con un hombre que (según el modo de ellos verlo) era alguien carente de recursos materiales, diez años mayor que yo y sin una visa o residencia para poder viajar conmigo al lugar del que ellos consideraban, nunca debí haber salido.

A lo antes mencionado, también se sumaba una terrible escasez económica que en los primeros años de matrimonio, nos llevó a pasar muchos momentos extremadamente difíciles y hasta vergonzosos; algo que en sí mismo era una gran prueba para nuestro amor, debido a que ese escenario de vida era totalmente opuesto a todo lo que yo había vivido antes.

Pero Dios había dispuesto este tiempo precisamente para entrenarme en áreas de la vida que hasta ese momento eran desconocidas para mí y por las que necesariamente debía pasar, para más adelante poder decir lo que también dijo el apóstol Pablo en una ocasión: «*Sé lo que es vivir en la pobreza, y lo que es vivir en la abundancia. He aprendido a vivir en todas y cada una de las circunstancias, tanto a quedar saciado como a pasar hambre, a tener de sobra como a sufrir escasez*». Fil. 4:12 (CST)

Pero mientras el rechazo, la falta de aceptación y la escasez eran mi «desierto» saber que todo lo que estaba pasando había sido dispuesto por el Señor, era mi «oasis». Ya que incluso desde antes de conocernos tanto a mí como a él, Dios nos había hablado de forma tan clara y precisa acerca de nuestra unión, que al materializarse (en cuanto a nosotros se refiere) no había ninguna duda de que estábamos dentro del plan perfecto del Señor.

> Mientras el rechazo, la falta de aceptación y la escasez eran mi «desierto» saber que todo lo que estaba pasando había sido dispuesto por el Señor, era mi «oasis».

En mi caso, acepté a Jesús como mi Salvador durante la época de invierno, y para el verano de ese mismo año, una profeta que estuvo ministrando en uno de los servicios que se celebraban en la iglesia donde me congregaba, me dijo: «Así te dice el Señor: Irás a tu país natal a finales de este año y allá vas a conocer a un pastor, que será tu esposo».

Aquella fue solo una de las muchas veces que a través de diferentes formas, el asunto me fue confirmado. En el caso de quien fue mi esposo, pasó lo mismo y una de las veces que el Señor habló a su corazón, lo hizo a través de un gran profeta que había en la ciudad, llamado Moisés Mena, quien antes de conocerme le había dicho: «En el mes de diciembre, llegará a la iglesia que pastoreas una joven alta, blanca y delgada desde los Estados Unidos, y así te dice el Señor: Ella será tu esposa».

Después de habernos casado, tuvimos dos hijos a los que para dar a luz tuve que viajar sola a Estados Unidos desde el inicio de ambos embarazos hasta la culminación de los mismos, para que así los niños pudieran nacer con los derechos de ciudadanos estadounidenses; lo que hizo que a pesar de la felicidad que cada uno de esos embarazos representó para nosotros, también fueran tiempos de mucha soledad y tristeza para ambos. Pero estuvimos de acuerdo en que para poder tener una recompensa permanente, debíamos hacer un sacrificio temporal, y lo hicimos. Para ese entonces, no había algo que deseara más que poder tener a mi esposo cerca pero como mencioné antes, él no podía viajar conmigo porque no contaba con los debidos documentos para hacerlo.

Luego de nacidos nuestros hijos volvía casi de forma inmediata, al lugar en el que aunque había diversas carencias y mucha escasez, le llamábamos «hogar... dulce hogar» y de aquel lugar solo volvía a ausentarme cuando por causa de las muchas necesidades que teníamos, debía ir a trabajar de vuelta a Estados Unidos, pero solo por breves periodos de tiempo.

Por otro lado, dándonos mutuo apoyo pudimos dar cumplimiento a muchas metas que teníamos en común. Como fue la terminación de su carrera universitaria y el inicio y culminación de la primera carrera de la que me gradué; al junto de otros programas de formación que para entonces, Dios me ayudó a poder completar.

Sin embargo (como en todas las relaciones matrimoniales) al mismo tiempo fuimos atacados con fuertes dardos del enemigo, que aunque nos sacudieron e hirieron nuestra relación, pudimos rebasar por la gracia de Dios y la disposición que ambos tuvimos de perdonarnos y luchar por nuestro matrimonio. Porque una de las cosas que creo y jamás dejaré de predicar, es que mientras esté el deseo de cambiar en cualquiera de las partes que falla en una relación, también existirá la posibilidad de mantenerla viva y valdrá la pena dar a la misma, otras oportunidades.

Enfrentando los desafíos de la nueva ciudad

Cuando teníamos aproximadamente diez años de casados, el concilio al que pertenecía la congregación en la que servíamos, nos trasladó a una iglesia ubicada en la capital de la nación, movimiento que aunque para muchos fue considerado un «ascenso» para nosotros fue una decisión que tuvo sabor «agridulce» debido al apego que sentíamos a la iglesia de la que habíamos salido. Algo que no mejoró mucho más, al enterarnos de que la iglesia a la que habíamos sido movidos había tenido dos pastores anteriores y a ambos los habían destituido por causa de adulterio. Pero esto no era algo que no estuviéramos dispuestos a enfrentar, y así como fue el desafío también fue el brío con el que hicimos nuestra entrada a aquel lugar, en el que más que nunca me enfoqué en ser la ayuda idónea que sabía debía ser, sirviendo de apoyo en los quehaceres y compromisos ministeriales que quien fue mi esposo tenía en aquel lugar.

Y como su colaboradora ministerial, comencé a llevar a cabo diferentes proyectos de desarrollo y crecimiento, no solo para la iglesia sino también orientados a impactar la comunidad a la que habíamos sido trasladados. Algo que en un principio mi pastor y esposo, estuvo más que feliz no solo en aprobar sino también en apoyar. Lo que servía de inspiración y daba confianza a los miembros de aquella congregación, quienes admirados solo decían: «¡Que lindos se ven y que unidos trabajan esta pareja de pastores!».

> Cuando asciendes en el mundo físico, debes también fortalecer tu vida espiritual.

Pero nuestro enemigo que nunca duerme, tampoco se dispuso a cabecearse aquí...

Y como no ignoramos sus maquinaciones, nos quedaba claro el hecho de que así como había atacado a los pastores anteriores, también nos iba a atacar a nosotros. Por lo que si bien era cierto que llegar a tal lugar representaba un ascenso, no menos cierto era que por causa de la batalla que allí debíamos librar, nuestro acercamiento a Dios indefectiblemente también debía tener un ascenso.

Así que pronto me dispuse a fortalecer en forma drástica los tres pilares que considero ser tres armas poderosas ante cualquier tipo de guerra que debamos librar, que son. La oración, el ayuno y la lectura orientada a fortalecer nuestro conocimiento acerca de Dios. Por lo que más que nunca, me dispuse a buscar al Señor con todo mi corazón; ayunaba dos veces por semana, oraba tres horas diarias, leía un libro por mes y memorizaba un versículo de la Biblia cada día. Lo que al hacer, me sentía tan fortalecida que absolutamente nada de lo que pudiera venir me atemorizaba.

Sin embargo, en términos del matrimonio es importante que se fortalezca una de las partes, pero siempre existirá una brecha abierta hasta que las dos partes no se dispongan a hacer lo mismo. Causa por la que siempre le pedía a quien era mi esposo, que se dispusiera a buscar a Dios conmigo. Pero contrario a esto, él decidió ocuparse en otras cosas como el pasar gran parte del día, visitando las casas de los miembros de la congregación y comenzó a reclamarme por el tiempo que pasaba en la presencia del Señor, lo que cuando trataba de disminuir para complacerlo, sentía un fuerte reclamo del Espíritu Santo, quien a través de todo esto solo me estaba preparando para el terrible sacudimiento que nos había de venir.

En este punto, quiero resaltar el hecho de que fortalecernos en el Señor, no siempre garantiza que seamos librados de ciertas cosas, sino que como el Espíritu Santo todo lo escudriña, aun lo más profundo de Dios (Ver. 1 Cor. 2:10) nos insta a prepararnos de antemano para lo que Él ya ve, que nos saldrá al encuentro más adelante.

Para llevar a cabo sus planes, nuestro enemigo necesita un cuerpo

Por causa de que es espíritu, para poder llevar a cabo sus planes de destrucción y muerte Satanás necesita un cuerpo; y tal cuerpo es sutilmente seleccionado de acuerdo al modo como nuestro adversario decide atacar. Observemos este ejemplo: *«Pero la serpiente era astuta, más que todos los animales del campo...»* Gen. 3:1 (RVR 1960).

En este pasaje, queda claramente establecido que la serpiente era más astuta que el resto de los animales del campo, y tal astucia hizo que Satanás la considerara como el medio perfecto para llevar a cabo su macabro plan. De igual modo, no cualquiera tiene el perfil que nuestro enemigo se dispone a usar como cuerpo para atacarnos. En el caso del ataque en el huerto, la astucia de la serpiente la hizo competente. En nuestro caso, el cuerpo que el enemigo había de

> En algunas ocasiones el Espíritu Santo nos insta a prepararnos de antemano para las pruebas y ataques que nos han de llegar.

121

usar también debía ser sutilmente seleccionado para sacar el mayor provecho del ataque que Dios le había permitido lanzarnos. Porque estoy plenamente convencida de que eso no nos hubiese ocurrido sin el consentimiento del Señor, ya que Él tenía todas las formas de evitarlo, pero no lo hizo. (Ver. Sal. 135:6)

Antes de proseguir, quiero volver a hacer énfasis en el hecho de que para ese tiempo ya habíamos superado diferentes crisis, ataques y desafíos juntos, por lo que el enemigo se aseguró de que su próximo golpe no fuera igual a lo que ya habíamos rebasado antes. Por tanto, no solo se dispuso a utilizar un cuerpo al cual libremente pudiera tener acceso, sino que también aprovechó el descuido espiritual en el que había caído aquel pastor por su desinterés en fortalecer su relación con el Señor.

Para ese tiempo la iglesia crecía, los ministerios se desarrollaban y las puertas para predicar en otras iglesias se abrían. Pero como vimos en uno de los capítulos anteriores, toda obra de excelencia provoca la envidia del hombre contra su prójimo y este caso, no fue la excepción. Por lo que sin ningún tipo de causa, un trío de hermanas que desde antes de nosotros llegar a la iglesia ya la visitaban, comenzaron a manifestar inexplicables conductas de envidia, celos y odio.

Algo que por muchas ocasiones traté de sanar, acercándome a ellas a través de llamadas, visitas e invitaciones para que fueran parte de los programas de desarrollo que llevaba a cabo con las otras mujeres de la iglesia, pero siempre se rehusaban; y en vez de hacerse parte era como si cada uno de esos intentos las llevaba a sentir un nivel de rechazo hacia mi persona, más intenso todavía. Algo de lo que por supuesto, nunca me dejé afectar ni a lo que tampoco le di el poder de quitarme el enfoque de hacer lo que debía hacer, con las que sí querían crecer.

En este punto, quiero hacer un señalamiento muy importante, y es que las personas que sin causa aborrecen a quienes amas, jamás deberías considerarlas para que sean tus amigos íntimos; esto por supuesto, si tienes como principio de vida, la lealtad. En otras palabras, no deberías considerar como tu amigo a alguien que aborrece a quien es parte de ti, y creo que esta verdad no es desconocida (aunque no sea aplicada) por la persona que decide violar este principio. Ya que precisamente por reconocer que ésta no era una acción leal, quien fue mi esposo me ocultó el acercamiento que tenía con tales personas, a pesar de ver la guerra que éstas me hacían; y la comunicación se volvió aún mucho más estrecha con una de aquellas hermanas; precisamente la que en una ocasión mientras se llevaba a cabo uno de los servicios, insinuó que ardientemente deseaba agredirme físicamente. Pero los planes de Satanás con alguien que estaba tan llena de odio y a quien él podía usar libremente, eran otros.

Se invierten las cartas

Cierto tiempo después de haberse establecido tal relación, el hombre que antes era mi soporte, comenzó a ser mi verdugo; el que continuamente me apoyaba, comenzó a proferir palabras de fracaso contra todo lo que yo emprendía y el ser que tanto me había ayudado a crecer, en vez de sentirse parte de lo que yo hacía, comenzó a verme como su competencia. Lo que con el propósito de desarmar, siempre trataba de hacerlo parte de mis proyectos y no había un solo lugar en el que al dárseme la palabra, yo no lo reconociera como la persona a quien después de Dios, le agradecía por todo lo que para ese entonces estaba ocurriendo en mi vida.

Pero en vez de mejorar, las cosas cada vez empeoraban más. Para ese tiempo ya el Señor me había abierto puertas para ministrar fuera del país, a las que (como ya expliqué) por no tener los debidos documentos, él no podía acompañarme y a las que cada vez que tenía que partir, no había otra cosa en el mundo que deseara más que poder tenerlo a él en cada uno de esos viajes.

Aquellas invitaciones eran tantas que un día le expresé mi deseo de tomar menos compromisos, para poder estar más tiempo en la casa con él y los niños, ya que él era quien manejaba la agenda de tales invitaciones. Pero para ese entonces, nuestros intereses ya no eran los mismos. Así que comencé a orar profundamente a Dios para que me revelara exactamente lo que estaba pasando. Días después mientras oraba en horas de la madrugada, tuve una visión donde el Señor me reveló un fuerte golpe que venía con el fin de atacar mi casa y detener mi avance.

No mucho tiempo después de aquella visión, descubrí que el hombre a quien yo veía como mi esposo, apoyo y pastor; la persona que yo amaba y a quien le había entregado todo mi corazón, estaba envuelto en una relación adúltera. Algo que como es normal, me dolió. Pero el hecho de descubrir con quién tal relación se había dado me desconcertó; ya que la persona era precisamente la misma que tiempo antes había expresado su intención de golpearme, y esto fue algo de lo que al enterarme, honestamente no podía comprender. Hasta que Dios en su infinito amor y suprema misericordia, tuvo un trato especial conmigo y trajo a mi corazón entendimiento, en tres aspectos de ese ataque que si no hubiese sido por Él, jamás hubiera llegado a comprender.

Cumpliéndose en mi lo dicho en el libro de los Salmos 32:8 «*Yo te voy a hacer que entiendas. Voy a enseñarte el camino que debes seguir, y no voy a quitar mis ojos de encima de ti*». (RVC)

Principios del Capítulo

1. Para poder tener una recompensa permanente, a veces hay que hacer sacrificios temporales.

2. En términos del matrimonio es importante que se fortalezca una de las partes, pero siempre existirá una brecha abierta hasta que las dos partes no se dispongan a hacer lo mismo.

3. El hecho de fortalecernos en el Señor, no siempre nos garantiza ser librados de ciertas cosas, sino que en ocasiones como el Espíritu Santo escudriña todo, nos insta a prepararnos de antemano para las pruebas y ataques que nos han de venir.

4. Las personas que sin causa aborrecen a quienes amas, no deberías considerarlas para que sean tus amigos íntimos.

5. Mientras esté el deseo de cambiar en cualquiera de las partes que falla en una relación también existirá la posibilidad de mantenerla viva y valdrá la pena dar a la misma, otras oportunidades.

Capítulo VII

Tres Cosas que no Comprendía

Tres Cosas que no Comprendía

*L*o que les compartiré a continuación son las tres cosas que en medio de la congoja y el dolor de aquel momento no podía comprender, pero Dios tuvo a bien darme el debido entendimiento.

1. Serás procesado en el área que serás usado

Desde el principio de mi ministerio todos los mensajes que Dios me daba para llevar a su pueblo, estuvieron basados en la salvación, el fortalecimiento y la activación de los dones. Por lo que de cada lugar donde íbamos nos llegaban cientos de testimonios acerca de cómo personas, que no entendían su llamado o que por alguna causa se sentían estancados, tomaban la firme decisión de activarse en el servicio de la obra del Señor, además de los continuos testimonios de muchos de los que al escuchar la palabra en cada lugar donde íbamos, le entregaban su vida al Señor.

Pero en los planes de Dios, también estaba el hecho de que pudiéramos hablarle a los matrimonios golpeados, y para que tal cosa aconteciera aunque lo ocurrido en mi matrimonio no fue gestado por Él, fue utilizado por Él para en medio de aquel proceso sacar de mí, mensajes orientados a la restauración, el perdón y la lucha en el mundo espiritual, para procurar mantener unida la familia; fue precisamente en ese tiempo cuando comencé a predicar muchos de los mensajes que aún permanecen en los medios, como son: Tu marido no es el problema, No dejes que el enemigo te robe lo tuyo y Devuelve el golpe; lo que para poder predicar, me dispuse a primero aplicar.

Ya que a pesar de lo doloroso que fue para mí aquella «traición en partida doble» no estaba dispuesta a dejar que tal ataque afectara mi casa sin que yo, teniendo la fuerza, la gracia y la dirección de Dios no decidiera contraatacar.

> Dios usará tus momentos más oscuros, para sacar de ellos tus mejores mensajes.

Aunque confieso además que en una ocasión mientras oraba, le dije al Señor: «Dios mío, no es mi intención cuestionarte, pero la verdad es que no entiendo ¿Por qué si en este tiempo de mi vida te estoy buscando más que antes, permitiste que a mi casa llegara esto?» A lo que (con el tipo de aliento que solo puede traer Su voz, a un corazón quebrantado) Él me respondió: «Ningún superior entrena a sus soldados de balde» y me guió al Salmo 18:34 donde dice: «Dios me prepara para la guerra; y le da fuerza a mis brazos para que puedan lanzar dardos poderosos» (PDT) Por lo que a través de esto, el Señor me hizo entender claramente que la razón por la que Él me había instado a buscarle con tanta intensidad antes de pasar por todo esto, era porque me estaba preparando para poder hacer frente a lo que venía y fortalecer mis «brazos» para que desde el mismo epicentro de esa guerra, yo pudiera llevar mensajes de perdón y restauración a los matrimonios, que serían como «dardos poderosos».

Y precisamente luego de no mucho tiempo de comenzar a predicar este tipo de mensajes, los testimonios de restauración de matrimonios

> «Ningún superior entrena a sus soldados de valde»

en decenas de naciones comenzaron a llegar; incluso de parejas que llevaban mucho tiempo separadas, lo que por supuesto Dios usaba para darnos fuerza en medio de aquella intensa batalla. Aunque cabe destacar que antes de este proceso, igualmente creíamos y ocasionalmente predicábamos sobre la restauración familiar. Pero la autoridad, el denuedo y la firmeza para poder hacerlo, solo nos la dio el hecho de haber pasado por aquel terrible suceso.

Por otro lado, fueron diversas las medidas que tomé como esposa para tratar de ayudar a aquel hombre a levantarse; muchos fueron los esfuerzos realizados para hacer que su vida espiritual se restaurara y para lograr que se integrara más en las cosas que para ese entonces, Dios me estaba permitiendo hacer. De hecho, fue en ese tiempo que comencé a pedir dirección a Dios para saber si era el momento de comenzar a hacer los trámites para hacerle la residencia de Estados Unidos y entendiendo que lo era, procedí a dar inicio a ese proceso.

2. La víctima no era yo

Siempre que una relación matrimonial es herida por causa de adulterio, el enemigo ministra la mente de la persona afectada y le dice: «Ves que tú no vales nada; no hay nada de valor en ti, por eso te hicieron lo que te hicieron». Dardos que en mi caso, no estuvieron ausentes.

Pero acerca de los tales, Dios a través de Su palabra también me habló diciendo: «Amada hija, recuerda que el ladrón no viene sino a robar, matar y destruir… Y a ningún ladrón le interesa entrar a robar donde solo hay una casa vacía, sino que son los tesoros que se encuentran en la casa los que hacen que él quiera proceder a atacar». Lo que al recibir en mi espíritu, inmediatamente me ayudó a establecer la diferencia entre el contenedor y el contenido.

En otras palabras, me dio luz para poder comprender que la mujer que se había dejado usar para tratar de dañarme, era solo el «contenedor» donde Satanás mi verdadero enemigo, se había vertido como el «contenido» y que tanto ella como mi esposo, habían sido usados como títeres del adversario para afectar lo que Dios estaba haciendo con nosotros, como pareja y ministerio.

Por lo que aún luego de lo acontecido, traté de acercarme a aquella mujer para ayudarla y darle acompañamiento espiritual, pero en vez de aceptar mi ayuda ella se burlaba y actuaba con mucha más rebeldía que como lo hacía antes; a lo que también se sumaba el hecho de que ante lo acontecido

> Las personas que nos atacan son solo el contenedor donde Satanás vierte su contenido.

mi esposo jamás mostró un verdadero arrepentimiento. Causa por la que en vez de procurar sanar y consolar mi corazón, lo agredía con muy crueles palabras y continuas justificaciones que traspasaban mi alma y solo al estar en la presencia de Dios, hallaba consuelo.

Los meses pasaron y un continuo ambiente de tensión por causa de mal manejo, se sentía en la casa; horas de ausencia basadas en excusas falsas, claves que jamás estuvo dispuesto a revelar y conductas verbalmente agresivas, eran solo parte de los desafíos que continuamente yo debía enfrentar. Mientras que al mismo tiempo debía de dar mi mejor cara para cumplir con todos los compromisos ministeriales que tenía.

Recuerdo que una de las cosas más horribles de aquel proceso era el hecho de tener que salir a ministrar fuera del país y sentir en mi espíritu (sin importar en qué lugar me hallara) que algo no estaba bien. Ya que en el tiempo que estaba fuera del país ministrando, era cuando más arreciaban sus actividades pecaminosas. De hecho, por más de una vez llegué a hacer el comentario del sentir que tenía a una persona que durante aquel tiempo me sirvió de mucha bendición y soporte, la que aún permanece siendo mi escudera en los compromisos de ministraciones internacionales, su nombre es Maribel; quien al verme tratando de comunicarme con él por varias horas y a través de diferentes formas sin que me fuera posible, con el fin de consolarme y fortalecerme en medio de aquella terrible angustia, siempre me decía: «Dios la va a ayudar a salir bien de este proceso».

Sin embargo, hubo un día en el que aquella mujer me llamó y me dijo: «Tuve una revelación con usted pastora, recibí una palabra muy fuerte mientras oraba en la madrugada... Dios me dijo: Por cuanto él no la cuidó ni la valoró, se la quito».

3. Dios espera que tomemos buenas decisiones, pero Él no nos obliga a tomarlas

Al cabo de un año de aquello haber acontecido, volví a descubrir lo que precisamente ya sentía: Ellos no se habían separado, el adulterio seguía activo. Lo que cuando confirmé me consternó, porque humanamente había hecho todo lo posible para ayudarlo a salir de aquel hoyo, pero fue entonces cuando comprendí que no importa cuánto quieras ayudar a alguien a ser libre de algo, hasta que esa persona no se disponga a serlo, sencillamente no lo será. De hecho, a pesar de que Dios mismo desea que siempre tomemos buenas decisiones, Él jamás nos obliga a tomarlas.

Frente a aquel descubrimiento, mi esposo volvió a mostrar el mismo remordimiento que había mostrado antes, pero jamás manifestó un verdadero arrepentimiento. Y en medio del caos de aquel momento, recuerdo que una de las cosas que me pidió fue que no le dijera nada a nadie de lo acontecido, para él poder seguir al frente de la iglesia en su posición de pastor. A lo que bajo promesa de cambio por parte de él accedí, y otra vez me dispuse a darle todo mi apoyo. Pero fue solo asunto de que pasaran algunas semanas para que volviera a manifestar la misma conducta agresiva y rebelde que había mostrado antes. Lo que por supuesto, de inmediato también lo relacioné con una posible continuidad en aquella pecaminosa relación. Pero lamentablemente, mientras más el pecado de esa índole se practica, mayor nivel de sagacidad para ocultarlo trae al humano. Por lo que por falta de pruebas, solo sufría con la incertidumbre de no poder probar lo que por causa de la conducta de mi esposo, estaba convencida que podía estar aconteciendo.

Los meses siguieron transcurriendo y las desapariciones injustificadas se siguieron manteniendo, al junto de otras extrañas conductas que al reclamarle, solo decía que yo estaba loca y que si estaba tan segura de lo que reclamaba, debía proceder comprobarlo.

Para ese tiempo ponía todo mi esfuerzo en mantenerme enfocada en Dios. Porque sabía que de no hacerlo, por causa de todo aquello estaría propensa a desplomarme. Así que en vez de dejarme sepultar por esto, decidí arraigarme más al Fundamento de mi vida que es Jesucristo. Ya que cuando nuestro fundamento es Él, somos semejantes a la casa que fue azotada con fuertes lluvias, ríos y vientos, pero se mantuvo firme porque estaba fundada sobre la roca. (Ver Mat. 7:24-25)

Se confirma una vez más, lo que solo eran sospechas

Sin embargo, a pesar de que tenía a Dios de mi lado tal situación era para mi totalmente agónica. Por lo que luego de aproximadamente un año de aquel segundo suceso, me dispuse a tomar un ayuno con el propósito de que Dios me revelara lo que estaba aconteciendo y no mucho tiempo luego de esto, mis sospechas volvieron a quedar confirmadas. Y honestamente confieso que aunque ya lo presentía, al confirmarlo quedé devastada.

Para ese tiempo, ya habían transcurrido aproximadamente tres años desde el primer momento que aquella relación había quedado expuesta. Tres años en los que sentía que todo lo que había hecho para restaurar mi casa había sido en vano. Fue entonces cuando supe que no estaba peleando con cualquier cosa; en ese momento necesitaba que Dios usara a alguien para ayudarme a entender lo que estaba pasando y eso fue exactamente lo que el Señor hizo, usando a mi mentor y padre espiritual Elvis Samuel Medina, quien me alentó con palabras que definitivamente me dieron mucha fuerza y al mismo tiempo por causa de la reincidencia del caso, procedió a destituir a mi esposo de su función de pastor.

Desde ese momento, dos de las personas más allegadas en mi familia comenzaron a decirme: «Debes divorciarte porque él jamás va a cambiar, él no le está dando el más mínimo valor a su familia, definitivamente no puedes seguir en eso». Pero las personas más cercanas a mí saben que hay algo que nunca hago, y es dar un paso importante en mi vida sin primero no haber recibido la voz de Dios para hacerlo.

Así que por causa de no haber sido guiada a tomar una decisión de divorcio en ese momento, tuve que permanecer dentro del matrimonio. Decisión que al comunicar a mi familia, me pidieron que entonces por lo menos paralizara el proceso de hacerle la residencia, porque según la manera como él se estaba comportando, no daba buenos indicios de lo que su conducta sería, una vez que tal proceso estuviera culminado.

Pero aquellas eran indicaciones de hombre y no de Dios, y aunque mi carne dolida por la traición deseara tomar algún tipo de acción en ese preciso momento, no pude hacer nada más que ir otra vez a la presencia del Señor y decirle: «Dime Dios, ¿Qué se supone que debo hacer?». Pero para ese tiempo el Señor no me dijo absolutamente nada. Sin embargo, confieso que sí me dio una fortaleza y una paz tremenda para proceder a hacer lo que por consenso de nuestras autoridades espirituales, entendimos que era lo propio; y fue el hecho de separarnos por un tiempo con el fin de que mi esposo reflexionara y se arrepintiera de sus malos caminos. Lo que pensé que sería lo más conveniente, debido a que él nunca se había ausentado de la casa. Por lo que estando de acuerdo con dicha decisión, él procedió a salir del hogar y volvió a la ciudad de donde hacía años, habíamos salido.

Aquello fue muy doloroso no solo para mí, sino también para los niños. Recuerdo que precisamente el día después de su partida se celebraba el día de las madres, y con motivo de tal celebración los vecinos compartían en familia, lo que al observar mi hijo pequeño por una de las ventanas de la casa, con lágrimas en los ojos me preguntó:

«Mami, ¿Cuándo vendrá papi?». Aquella fue una de las veces en la que por más que quise mantenerme fuerte, no pude. Y sin poder retener el llanto, solo le respondí: «Pronto amor, papi volverá a estar con nosotros pronto».

Los días transcurrieron y la conducta mostrada por el esposo que se había ido, comenzó a ser absolutamente contraria a la que se suponía debía de ser. Ya que en vez de mostrar arrepentimiento, continuamente decía que él no se iba a humillar ante nadie y que yo podía proceder a hacer lo que mejor me pareciera. Luego me enteré de que él hacía viajes continuos a la ciudad donde vivíamos, de los que a mí ni siquiera me avisaba, y lo que al reclamarle siempre tenía una supuesta causa que lo justificaba.

Cuidado porque es la misma serpiente... Pero con un traje diferente

En este punto, procederé a hacer mención de algo que también he compartido antes y que de haber dejado fuera de este libro, mi testimonio no habría estado completo. El hecho consta de como cuando el enemigo se dio cuenta de que la traición en partida doble que él había gestado para destruirme, no iba a tener el efecto que él había planeado, decidió volverme a atacar. Pero esta vez de modo diferente, ya que el ataque consistió en algo que (contrario al golpe que ya había experimentado) venía en forma de «aliciente» para mi corazón quebrantado.

Se trataba de la comunicación con una persona que en un principio, los temas que tratábamos eran solo de amigos pero al continuar hablándonos, tales conversaciones se tornaron en la vía por medio de la que sentía que mi corazón recibía el apoyo humano del que para ese momento carecía; y precisamente tal carencia fue la brecha por la que el adversario procedió a hacer su entrada. Ofreciéndome por un medio «ilegal» el soporte que se suponía yo debía recibir de mi esposo «legalmente». Aquí debo volver a aclarar que por causa de mi vulnerabilidad y la devastación que para ese tiempo sentía, yo le abrí brecha a algo que nunca debí abrírsela. A tal punto que me estaba volviendo dependiente de lo que aquella persona me decía y con lo que me hacía sentir apoyada y comprendida, cada vez que hablaba con él.

El no residía en República Dominicana, pero aun así duramos un tiempo en comunicación hasta que en una ocasión mientras me preparaba para ir a la iglesia, comencé a escuchar un ruido extraño parecido al de una serpiente, y por la claridad con la que lo escuchaba, la sentía muy cerca de mí.

En ese mismo momento, Dios habló a mi corazón y me dijo: «Te estás dejando envolver por un engaño; despierta y no te sigas dejando arrastrar. Porque aunque lo que vives ahora es cómodo para ti, es veneno mortal traído por la misma serpiente que ya te atacó, pero esta vez procedió a hacerlo con un traje diferente».Las palabras no me alcanzan para describir lo que sentí en aquel momento, a tal punto que ese día era domingo y para el siguiente día, decidí amanecer en ayuno y oración con el propósito de que aquel dardo fuera totalmente quebrantado dentro de mí.

Duré tres días encerrada y al finalizar este tiempo, sentí un impacto del Espíritu Santo tan fuerte que no podía dejar de llorar por el maravilloso trato que Dios había tenido conmigo. Por lo que procedí a llamar aquel hombre y le dije: «El Señor trató conmigo y me hizo entender que la conexión y las conversaciones que se han estado dando entre nosotros no están bien, por lo que desde este momento ya no me comunicaré más contigo.

Este es un engaño del enemigo para destruirnos a ambos y yo acabo de salir de un tiempo de búsqueda en el que prometí a Dios, que aunque lo que esté pasando ahora sea fuerte, lo pasaré sin tomar atajos ni recurrir a anestesias.» Además, recuerdo que le dije: «Le prometí al Señor que cuente conmigo para pasar esto del modo como Él quiere que lo haga, porque lo que Él ha escrito de mí va a tener cumplimiento». Al escuchar aquello él estuvo de acuerdo y desde aquel momento, la comunicación entre nosotros fue quebrantada.

Acerca de esto puedo decir, que por este trato que el Señor tuvo conmigo siempre le estaré agradecida. Ya que por causa de esto (aunque lo acontecido estuvo absolutamente incorrecto) ambos fuimos guardados de caer en lo que verdaderamente el enemigo había tramado para nosotros. Acto seguido procedí a comunicarle a mi esposo el modo como las cosas se habían dado, pero lejos de mostrar el más mínimo grado de comprensión comenzó a usar aquello como un arma más para atacarme y justificar sus malas acciones. Pero aunque esto fue sumado a lo que ya vivía, estaba segura de que luego de aquel fallo lo que me correspondía hacer era reconocerlo, arrepentirme y desligarme completamente de eso. Ya que como dice la palabra del Señor al respecto: «*Al que disimula el pecado, no le irá bien; pero el que lo confiesa y lo deja, será perdonado*». Prov. 28:13 (DHH)

Por otro lado, el tiempo transcurría y nada parecía mejorar en mi matrimonio, pero la gracia y el sustento de Dios a favor de mi vida eran palpables cada día.

Para ese tiempo, pregunté al Señor si debía detener mi agenda y tomar una pausa para que me sanara, y Él me habló diciendo: «Tú no estás enferma. No te detengas, sigue adelante porque yo te voy a respaldar».

Por lo que aunque sintiéndome quebrada en mil pedazos continué avanzando, predicando, enseñando y ministrando. De hecho, fue precisamente en medio de aquel proceso que el Señor me dio la orden de levantar una iglesia en el centro de la capital, para alcanzar las almas de esa localidad y así me dispuse a hacerlo. Tal iglesia, la iniciamos con solo siete personas en una de las plazas de la ciudad y al momento que escribo este libro, solo cuatro años después de haber acontecido lo que aquí relato, tiene más de setecientas personas. Y sé que esto solo ha sido por causa del respaldo, favor y gracia del Señor para conmigo. Por lo que a Él y solo a Él, le damos todos los méritos, la gloria y el reconocimiento.

Para ese momento las ministraciones de restauración seguían fluyendo, los niños enfrentaban con valentía lo que se había convertido en un proceso no solo para el matrimonio, sino para toda la familia; la iglesia crecía y cada día se abrían más puertas para nuevas oportunidades de desarrollo ministerial.

Pero por causa de casi no comer debido a la falta de apetito, comencé a bajar drásticamente de peso. Lo que hizo que se levantaran rumores de muchas personas que comenzaron a decir: «Está enferma, algo grave le debe estar aconteciendo». Pero no me dejé afectar por eso; sabía que el Señor había puesto sus ojos en mí, y que (por decirlo de alguna manera) el cielo apostaba a mí. Sabía que Dios, a pesar de todo el caos que vivía en ese momento, había sido un Padre amoroso y responsable conmigo, y mi deseo era ser también una buena hija para Él.

Jamás olvidaré como en medio de todo aquel proceso, tres cosas me sirvieron siempre de inspiración para seguir adelante, y fueron: La confianza que Dios había depositado en mí para que le sirviera a pesar de todo lo que me estaba aconteciendo en aquel tiempo, mis hijos por los que tenía que luchar para poder sustentarlos y sacarlos adelante y los cientos de testimonios de personas que nos escribían diciendo lo que Dios estaba haciendo con ellos, a través de nuestro ministerio.

Mientras que los ataques del enemigo por medio de mi esposo iban en aumento; ya que a todo el que tenía la oportunidad de abordar para hablarle sobre el tema, le decía: «Ella predica restauración de familia, pero no me ha restaurado; predica del perdón, pero no me ha perdonado».

Lo que por supuesto, jamás pudo decir a las personas que verdaderamente conocían el problema, sino a los que no; y muchos de los que desconocían la situación, al ver el respaldo de Dios conmigo solo decían: «Lo que él dice no corresponde con lo que el Señor está haciendo a través de ella. Por lo que el problema no es ella, sino la condición interna que posee el emisor».

El no volverá arrepentido, pero llámalo y dile que vuelva

En aquel tiempo, uno de los compromisos de ministración que tenía, tuvo lugar en la isla de Puerto Rico; y mientras estaba allá, algo sobrenatural aconteció y fue que a pesar de mi esposo no haber dado el menor indicio de arrepentimiento y mucho menos de cambio, mientras fervientemente oraba por él, Dios me dijo: «Es necesario que entiendas que debido a su endurecimiento, Satanás lo tiene cautivo y ha perdido toda sensibilidad. Por eso te está atacando como lo hace y no reconoce los esfuerzos que has hecho para ayudarlo; pero Yo los veo. Él no va a parar de atacarte, pero no tengas temor. Porque nada de lo que salga de su boca tendrá el poder de dañarte.

Nunca pienses que peleas con él porque tu lucha no es con él, sino que se ha hecho una fuerte alianza de espíritus inmundos para tratar de deshacer lo que a través de tu ministerio, Yo estoy haciendo».

Acompañado a esto, me indicó que al regresar a República Dominicana debía llamarlo y pedirle que volviera a la casa, porque él regresaría pero no arrepentido, sino mucho más endurecido que como se había ido.

A lo que solo respondí: «Señor no sé lo que estés pretendiendo sacar de todo esto, pero lo haré tal como me has indicado. Solo te pido que me des fuerza y mucha sabiduría para poder manejar las cosas como me lo has ordenado».

«Porque no tenemos lucha contra sangre y carne, sino contra principados, contra potestades, contra los gobernadores de las tinieblas de este siglo, contra huestes espirituales de maldad en las regiones celestes. Por tanto, tomad toda la armadura de Dios, para que podáis resistir en el día malo, y habiendo acabado todo, estar firmes». Efes. 6:12-13 (RVR 1960).

Principios del Capítulo

1. Serás procesado en el área que serás usado.

2. No importa cuánto quieras ayudar a alguien a ser libre de algo, hasta que esa persona no se disponga a serlo, sencillamente no lo será.

3. Mientras más se practica el pecado de adulterio (al igual que otros pecados) mayor nivel de sagacidad para ocultarlo, trae al humano.

4. A ningún ladrón le interesa entrar a robar donde solo hay una casa vacía, sino que son los tesoros que se encuentran en la casa, los que hacen que el proceda a querer atacar.

5. Cuando el enemigo se da cuenta de que el ataque que te lanzó con el fin de destruirte no le funcionó, procede a cambiarse el traje para tratar de lograrlo de un modo diferente.

Capítulo VIII

Reconstruye con los pedazos

Reconstruye con los pedazos

*A*l regresar del viaje a Puerto Rico, lo primero que me dispuse a hacer fue llamar a mi esposo para que regresara a casa (tal como Dios me lo había indicado) y pocos días después de esto, ya él estaba de regreso. Una vez allá, se pasaba gran parte del día encerrado y cuando yo le pedía que me acompañara a la iglesia o que fuera conmigo a predicar a un determinado lugar, me decía: «Después que me destruiste la moral ¿Ahora quieres que salga contigo?».

Pero inmediatamente yo salía de la casa, él se disponía a salir por otro lado; y cuando le preguntaba que dónde estaba, me decía: «¿Para eso fue que me pediste que regresara, para estar controlándome? Mejor debiste dejarme donde yo estaba.» Argumentos que servían como detonante de continuas discusiones, que llegaron a terminar hasta en agresiones físicas.

En este punto quiero aclarar que no solo él se alteraba, sino que yo también lo hacía. Aquello era horrible y solo porque la mano de Dios me ayudó, pude mantenerme de pie en medio de todo eso. Pero un día en oración, nueva vez sentí el consejo del Señor en mi espíritu, que decía: «Satanás identificó exactamente lo que tiene que hacer para que te alteres. Y si continúas peleando esto con armas carnales, jamás podrás ganar esta guerra en la que él está usando todo lo que puede, dentro del límite que Yo le he puesto para atacarte».

Aquí quizás muchos piensen: Pero ¿Cómo así? Ciertamente como ya dijimos, los ataques que llegan a nuestras vidas no vienen de Dios; vienen de nuestro adversario, a quien Dios le permite atacarnos poniéndole ciertos límites, con el fin de que aun lo que él nos hace para mal, sea revertido para nuestro bien. (Ver Job 1-2)

Sin embargo, confieso que en medio de todo aquello no siempre fue fácil verlo así. Ciertamente fue muy duro ver a mi esposo enlazado con la mujer que sin ninguna causa se había propuesto ser mi peor enemiga, ver cómo en vez de ser el apoyo que un tiempo fue, se había convertido en mi acusador y alguien que lejos de desear mi bien, profería continuamente palabras de mal en mi contra, diciendo: «Tu ministerio va a caer, ya verás como todo lo que tienes ahora se va estancar, la iglesia no crecerá y tus libros nadie los va a comprar».

A lo que también se sumaba el hecho de no poder contar con él para nada que tuviera que ver con los compromisos de la casa porque no tenía ingresos. Pero de eso tampoco podía hablarle porque según él, yo había sido la culpable de que lo sacaran de la iglesia. Por tanto no tenía ningún derecho de quejarme acerca de eso.

> Por causa del endurecimiento que trae el pecado, aquellos que en un tiempo te fueron de bendición, pueden ser los mismos que tramen tu destrucción.

Para esos días, llegó la cita del consulado para darle la residencia y aquello fue para mí como una luz en medio del túnel. Porque pensé que si él comenzaba a viajar conmigo a cada lugar donde yo fuera, nuestra relación podía mejorar y en eso me mantuve creyendo. Pero acerca del mismo acontecimiento, es decir en cuanto a su llegada a los Estados Unidos, sus planes eran otros; y por cierto muy distintos a los míos...

De hecho, recuerdo que cerca del día de la cita él me dijo: «Investigué que tú no necesariamente tienes que ir conmigo a la cita, así que si quieres yo voy solo». A lo que le respondí: «Pero cómo podría dejar que vayas solo, si este ha sido mi sueño de años. Este es un logro de los dos».

Cuando el día de la cita migratoria llegó...

El día de la cita, muy temprano en la mañana, precisamente antes de salir de la casa, se encerró misteriosamente en uno de los espacios con su teléfono, y cuando le pedí que me abriera la puerta mostró cierto nerviosismo. Por lo que le pregunté: Pero ¿Qué pasa? Y él me dijo: Nada «¿Quieres que te de el teléfono?» A lo que respondí: «Sí, dámelo». Y precisamente cuando yo lo tenía en mano, le llegó un mensaje de texto de aquella persona, y al ver que yo había visto el mensaje, comenzó a tratar de quitarme el celular.

En ese momento, pasó algo que jamás había acontecido y que al ver, quede absolutamente horrorizada; y fue que mientras él me forzaba para que yo le entregara el teléfono, su rostro se transformó en algo horrible y nada parecido al rostro del hombre que yo conocía. Mientras que en su furia tratando de tomar el teléfono me hirió la mano, acto seguido borró el mensaje y me dijo: «¿Quieres ver el teléfono? Toma míralo». Aquello era algo que no podía creer que estuviera pasando en uno de los días más esperados de toda mi vida. Pero acto seguido, su actitud cambió y comenzó a comportarse con mucha dulzura y a excusarse por lo que había pasado.

Cuando llegamos al consulado, le aprobaron la residencia y le entregaron un volante para que fuera a recogerla en tres semanas. Luego de transcurrido ese tiempo, fue a retirarla y ni siquiera me lo comunicó. Más adelante supe que el día que fue a buscar aquella residencia por la que tanto yo había esperado, él estaba en compañía de ella.

Para ese tiempo, hasta cierto punto ya estaba resignada a solo esperar la próxima indicación que me diera el Señor entorno al asunto, porque se había vuelto evidente que a él ya nada le importaba. De hecho, ya ni siquiera se esforzaba mucho por ocultar lo que hacía porque según él, no tenía nada que perder. Pero yo me mantenía creyendo que a pesar de como las cosas se habían tornado, Dios podía hacer algo para salvar mi matrimonio.

Por lo que tal como antes lo había considerado, decidí coordinar todo para que su primer viaje tuviera lugar juntamente con un compromiso ministerial que tenía para ese tiempo en Atlantic City, para luego de terminar aquella asignación, ir a Nueva York a pasar algo de tiempo con parte de mi familia.

157

Cuando el día del esperado viaje llegó...

Cuando el muy esperado día del viaje llegó, temprano en la mañana se ausentó de forma misteriosa por varias horas, y al regresar a la casa tenía los ojos tristes y enrojecidos; yo estaba consciente de que se habían encontrado aquel día y sabía que su aflicción era debido a la ligadura almática que tenía con aquella persona. Así que traté de ministrar a su corazón y ese día le hablé, no como a mi esposo sino como a una persona que verdaderamente necesitaba escuchar voz de Dios. De hecho, en aquel momento usé el ejemplo de como también a mí el enemigo me había atacado; tratando de hacer que entendiera que así como yo me había sacudido de ese ataque, él también lo podía hacer. Pero no importaba el modo como le hablara ni las palabras que pronunciara, él estaba completamente cerrado y no presentaba la más mínima intención de redireccionar su modo de proceder.

Al llegar a Atlantic City, estuvo por casi dos días sin conexión a internet y me pidió que hiciera algo para conectarlo, porque quería comunicarse con unos amigos para dejarles saber que había llegado bien. A lo que sin ningún problema accedí, pero solo fue cuestión de horas para que me diera cuenta que (sin importarle lo mucho que ese viaje significaba para mí) desde el hotel donde estábamos, él había comenzado a comunicarse con ella usando ciertos códigos que habían acordado usar de forma previa, y de lo que al darme cuenta, negó y dijo que todo lo que yo había visto no era lo que pensaba. Lo que por supuesto, no creí.

> Frente a algunos acontecimientos de la vida, solo podrás permanecer de pie gracias al sustento que viene de Dios.

Pero necesitaba más evidencia que demostraran la veracidad de lo que estaba aconteciendo. Sin embargo, absolutamente todo cambió cuando luego de haber concluido nuestro compromiso en Atlantic City, dos hermanas de la iglesia donde habíamos ministrado nos transportaban rumbo a la ciudad de Nueva York; debido a que en el camino, con su teléfono en mano vi que desde su propia cuenta de Messenger, le llegó un mensaje de aquella persona. En ese momento quedó totalmente expuesto que él no solo se comunicaba con ella, sino que también le había dado la clave de su cuenta personal para que yo no notara cuando ellos se comunicaran.

Hermana... ¿Se puede detener en el primer centro comercial que halle en el camino por favor?

Lo que había acontecido en aquel momento, me dejó sin aliento. Pero como íbamos en el vehículo con aquellas hermanas, y debía mantener la postura de la pastora que vieron predicar ese pasado fin de semana, no le pude decir absolutamente nada a mi esposo. Pero sí pedí a las hermanas que por favor se detuvieran un momento en el primer centro comercial que hallaran, y ellas así lo hicieron.

Una vez allí, tratando lo más que pude de disimular mi dolor pedí a las hermanas que me dieran por lo menos una hora en aquel lugar, y que si ellas gustaban nos podían dejar para explorar el espacio, y ellas así lo hicieron.

Luego de haberse apartado, mi esposo permanecía junto a mí, y solo le dije: «¿Cómo es que puedes hacerme todo esto?» Él entonces intentó abrazarme, pero yo le dije: «Entraré al baño un momento.» Él se quedó fuera, pero yo al entrar a aquel baño, literalmente me desplomé y tirada en el piso de aquel lugar, pasé más de media hora. Fue ahí donde aconteció la primera parte del relato de esta historia. Y fue luego de salir de allí, que con lágrimas en los ojos, pregunté a mi esposo: «¿Tienes idea de cómo me siento?» Y él, mientras secaba mi rostro, respondió: «**Yo sé que estás hecha pedazos**». Y en eso no se equivocó porque esa era exactamente la manera como me sentía yo.

> Más doloroso que un acto de deslealtad y engaño, es la reincidencia en lo mismo por parte del que lo comete.

Pero a pesar de todo eso, el viaje debía transcurrir. Teníamos que llegar a casa de mi familia donde desde la primera noche de estancia, comenzaron a darse otros sucesos muy similares a los ya mencionados.

Luego de agotada la semana que intencionalmente había dispuesto para que nos sirviera de celebración, por lo que entendía marcaba el inicio de un nuevo comienzo para nuestras vidas, tuve que regresar sola a casa en República Dominicana, porque él debía permanecer en territorio estadounidense hasta que le enviaran la tarjeta de residencia. Pero esto no fue lo peor, sino el hecho de ver cómo luego de haberse quedado allá, cortó totalmente la comunicación conmigo, hasta el punto de sacar un número de teléfono, que al dar a nuestro hijo mayor, pidió que no me lo compartiera. Pero luego de algunos días, le pregunté al niño si se había comunicado con su papá, y él no solo me dio la respuesta, sino también el número al que se había comunicado.

Tenía los derechos, pero no tenía la voz

A partir de ese tiempo, comprendí que él había determinado abandonarme. Y luego de varios días sin saber nada de él, le llamé y le pregunté: «¿A ti no te interesa tu familia?» Y solo para medir sus intenciones, le dije: «Creo que lo mejor será que nos divorciemos». Lo que al escuchar contestó: «Haz lo que tú quieras, mis hijos siempre van a ser mis hijos». Entonces comencé a considerar todo lo que hasta ese momento había pasado, y al ir donde alguien que respeto mucho a pedir orientación sobre el modo que debía proceder ante aquello, esa persona me dijo: «Estás en todo el derecho de proceder con el divorcio.» Pero, aunque ciertamente tenía todo el derecho de proceder, aún no había recibido la indicación de Dios para hacerlo.

Por lo que un día mientras iba camino a la iglesia, dije: «Señor, por favor mira cómo está todo esto, Dios mío dime qué hago. Yo necesito saber si me das tu aprobación para proceder con el divorcio». En ese mismo momento sentí como el Espíritu Santo trajo una fuerte carga a mi corazón la que inmediatamente supe que se trataba de un determinante NO. Y a esta peculiar manera de responder, no añadió ningún otro argumento.

Algo que confieso fue totalmente incomprensible para mí, pero si otros se habían dejado usar por Satanás para llevar a cabo sus planes, yo quería ser usada por Dios, para llevar a cabo los planes suyos.

En este punto, con el fin de resumir la historia solo diré que luego de todo esto pasaron alrededor de tres años en los que por varias ocasiones él viajó al país sin ni siquiera avisarme que iba, y en su estadía tampoco se quedaba con nosotros en la casa. Pero esos viajes eran de corta duración y una vez agotado el tiempo que se había propuesto pasar allá, regresaba a Nueva York donde estaba establecido.

Allá llegué a ir en dos ocasiones a buscarlo, pero él no quiso irse conmigo. Aun así no me di por vencida, sino que luego de un tiempo regresé y le dije: «Dime qué es lo que tengo que hacer para que volvamos a ser una familia. Ponme las condiciones, que lo que tú me digas yo lo voy a hacer». Y él me dijo: «Yo no regresaré a Santo Domingo.» Entonces, le pregunté «¿Qué quieres? ¿Quieres que yo venga a vivir aquí contigo?» Y él me dijo: «Sí. Deja la iglesia y ven a vivir aquí».

Dispuesta a todo para restaurar la casa

Para ese tiempo, uno de los argumentos que él permanecía utilizando para tratar de dañarme, era que mi prioridad nunca fue la familia sino mi agenda de predicaciones y la iglesia. Por tanto, nunca creyó que yo estaría dispuesta a poner en pausa mi agenda de predicaciones ni a dejar la iglesia (que con tanto amor y entrega el Señor me había permitido levantar) para ir a vivir a Nueva York con el propósito de salvar lo que según el orden de las prioridades, debía estar primero que era mi matrimonio.

Así que hablé a mi obispo para anunciarle mi partida y pedirle que le diera todo el apoyo posible a la persona que había de quedarse a cargo del rebaño. Además, procedí a vender todos los muebles que tenía con el fin de recaudar dinero para el viaje, y cancelé todos los compromisos que tenía en la agenda por los próximos 6 meses a partir de ese momento, con el fin de poder dedicarle a él y a los niños todo mi tiempo, una vez que estuviéramos establecidos en nuestro nuevo hogar en Nueva York.

Pero a pesar de haberle avisado la fecha que tomaría para estar allá buscando la casa donde nos habíamos de mudar y pedirle que por favor saliera a buscarla conmigo, cuando llegué allá con los fines mencionados, nunca respondió a mis llamadas y luego de yo haber vendido todo, de haber entregado la iglesia y haber paralizado la agenda durante seis meses, me dijo: «Aunque vengas para acá yo no me voy a mudar contigo». Y volvió a decirme: «Mis hijos siempre serán mis hijos».

Ante tal acontecimiento, no tengo palabras para describir como me sentí. Pero a pesar de todo, debía seguir avanzando. Así que otra vez volví a hablarle a la iglesia, la cual se dispuso a apoyarme ante lo acontecido, aunque también deseaban que en algún momento, quien una vez fue el «sacerdote de la casa» recapacitara. Pero en vez de esto, él cada día se volvía más rebelde. De hecho, para ese tiempo comenzó a llamar a cada uno de los miembros de la iglesia con los que tenía contacto con el fin de hacerme daño.

Luego de haber transcurrido todo esto, yo igual seguía esperando; y varios meses después supe que él estaba de vuelta en el país. Hizo contacto con los niños como lo hacía siempre que llegaba, pero a mí ni siquiera me llamó para decirme que estaba allí.

Para esos precisos días, Dios me despertó en la madrugada y me dijo: «Puedes proceder a hacer lo que no te permití que hicieras en otro tiempo». Y para que no me quedara duda de que se trataba del proceso de divorcio, le pedí que me lo confirmara a través de tres señales, que en solo cuestión de días me fueron contestadas.

Pero lo más importante de esto es que cuando inicié los trámites para dicho proceso, sentí una paz y una fortaleza tan tremenda que terminaban de confirmar por completo que aquella decisión contaba con la absoluta aprobación del Señor. Pero jamás olvidaré como luego de haber iniciado aquel proceso, le pregunté al Señor: «¿Dios mío, pero si me ibas a dejar dar este paso, por qué no permitiste que fuera antes?» a lo que Él respondió: «Amada hija, nada estuvo perdido. Sino que cada una de las cosas que hiciste te sirvió para desarmar por completo al enemigo y dejar sin efecto lo que él profería en contra de ti. Así es que hiciste lo que tenías que hacer y peleaste como debías pelear, ahora tendrás mi respaldo».

Sin embargo, en cuanto a la decisión de divorcio en algún momento quien fue mi esposo llegó a decir: «Si te divorcias de mí, tu ministerio será sepultado, nadie volverá a invitarte a predicar y veremos quién se va a interesar en leer tus libros».

Pero pese a todas estas malsanas expresiones, el Señor guió mis pasos y se encargó de ayudarme, para poder volver a construir utilizando mis pedazos.

Pero... ¿Cómo pude yo reconstruir con mis pedazos?

Antes que nada quiero aclarar que en un momento determinado de este proceso, no solo sentí que me había quebrado yo; sino que también se habían quebrado mis sueños de mantener a mi familia unida y de que mis hijos nos vieran llegar al final de nuestras vidas juntos. Indiscutiblemente había sido atacada, golpeada y herida, pero no podía cambiar lo que había pasado.

Solo podía determinar lo que iba a hacer con lo que me había pasado, y decidí alzar mis ojos al Señor, quien posee los planos de la edificación de mi vida y Él me dijo: «Que no te confundan las ruinas, porque de todo esto sacaré tu mejor edificación». Pero para emprender aquella reconstrucción tuve que hacer que la única instrucción que siguiera mi espíritu fuera la contenida en los planos de mi Hacedor. Por tanto, tuve que morir a mis sentimientos para conectarme con Su perfecta voluntad; tuve que poner como prioridad en mi vida hacer sonreír

167

a Dios, aunque en muchas ocasiones por causa de esto tuviera que llorar yo.

Ahora bien, en este punto debo señalar que el hecho de que mi proceso haya culminado de esta forma, no significa que si tu matrimonio está pasando por algo similar, tenga que terminar de la misma manera. Por lo que insto a cada persona que lee esto, a no proceder a tomar decisiones que primero no hayan sido autorizadas y confirmadas por el Señor.

En nuestro caso, el haber dado este paso con la absoluta cobertura y dirección del Señor, es lo que ha hecho que aunque muchos han querido usar esto para dañarme, Dios ha sido mi defensa y se ha encargado de respaldarme. Y gracias al respaldo del Señor con nosotros, mis dos hijos han sido guardados y tanto la iglesia como nuestro ministerio evangelístico en las naciones, crece cada día de forma imparable.

Por otro lado, recibimos continuamente cientos de mensajes acerca de cómo nuestros libros están edificando e instruyendo a cientos de miles de personas en diferentes naciones, teniendo un respaldo tan tremendo, que nuestro primer libro Te desafío a Crecer, en el año 2017 alcanzó la posición de «Best Seller» o como es su traducción:

«Éxito de librería». Mientras que otros como Mujer Reposiciónate e Indetenibles, son de los más solicitados por el público que frecuenta las tiendas donde se encuentran posicionados.

En otro orden, áreas de nuestro ministerio tan neurálgicas como son la formación y la mentoría, se han fortalecido de manera sorprendente, hasta el punto de que varias iglesias han pasado a hacer alianza ministerial con nosotros.

Por otro lado, le hemos creído a Dios para expandir el ministerio en otras áreas de funcionamiento como son: Librería, restaurante y centro de cuidado para niños. Mientras que como próximo proyecto, tenemos el abrir una escuela de formación ministerial para las naciones a través de la internet, con el propósito de formar ministros y hacer que estén debidamente equipados para poder cumplir con la asignación que Dios les ha encomendado. Porque he hecho la firme promesa al Señor de que mientras yo viva, con todo lo que tengo y lo que soy, le serviré hasta el último suspiro de mi vida.

Finalmente, antes de dar por culminado este capítulo quiero aclarar que lo que aquí he expuesto, representa solo una parte de las cosas que acontecieron y de todo lo que tuve que enfrentar. Ya que tal como aclaré en el principio, este relato no tiene como fin dañar o afectar la imagen de alguien; sino que este proceso sirva de referencia para que todo el que pueda estar pasando por algo similar a esto, sepa que siempre será posible volver a construir usando lo que se quebró.

Principios del Capítulo

1. Los ataques que llegan a nuestras vidas no vienen de Dios, vienen de nuestro adversario, a quien Dios le permite atacarnos poniéndole ciertos límites con el fin de que aun lo que él hace para mal, sea revertido para nuestro bien.

2. No tomes decisiones importantes basado solo en derechos, sino por dirección del Señor; así podrás estar seguro de que tendrás Su respaldo en cualquiera que sea la consecuencia.

3. Jamás podrás ganar una batalla espiritual utilizando armas carnales. Porque las armas de nuestra milicia no son carnales sino espirituales y de éstas, según el texto sagrado ya hemos sido equipados.

4. Cuando pierdes el equilibrio procedes a manejarte mal y el mal manejo hace que aun teniendo la razón puedas perder el derecho.

5. Para poder reconstruir usando lo que se quebró: Tuve que alzar mis ojos a mi Hacedor Quien posee los planos de mi edificación; hacer que mi espíritu solo se dejara guiar por Su instrucción, morir a mis sentimientos para conectarme con Su perfecta voluntad y poner como prioridad en mi vida, agradar siempre a Dios, aunque muchas veces eso significará el hecho de tener que llorar yo.

Capítulo IX

Cómo responder a los desafíos del proceso

Cómo responder a los desafíos del proceso

*T*al como compartí en el capítulo anterior, las bondades del Señor han sido muchas para con nosotros. Sin embargo, pese a todas las victorias que Dios nos ha otorgado muchos también han sido los desafíos que he tenido que enfrentar por causa del modo cómo terminó este capítulo de mi vida.

Entre los que prejuicios y acusaciones sin fundamento, han sido solo parte. Pero cuando lo que has pasado, lo has enfrentado conforme a las directrices que te ha dado el Señor, Él se encargará de darte la fuerza, la resistencia y la firmeza para manejar todo lo que pueda surgir en tu contra por causa de tal vivencia.

En mi caso, aquí les comparto solo algunos de los argumentos que personas (ya sea por causa de desconocer las implicaciones reales del proceso o por querer usar el mismo para tratar de dañarme) se han dado a la tarea de utilizar:

◆ Si ella se divorció, no tiene que estar hablando de eso

Acusación ante la que quiero aclarar que cada detalle que he compartido acerca de esto, ha sido absolutamente guiado por el Señor. De hecho, muchas de las cosas que acontecieron, Dios me ha indicado callarlas y así lo he hecho. Pero lo que Él me ha indicado hablar, con todo denuedo y libertad lo he hablado.

En este mismo punto debo decir que estoy totalmente consciente de que muchos son los que pasan por cosas similares, y lo hacen en modo silente. Sin embargo, tal como vimos en uno de los primeros capítulos de este libro, es Dios quien determina lo que ha de extraer de los diferentes acontecimientos que permite que cada uno de nosotros atravesemos.

Por otro lado, si otros tienen testimonios basados en sanidad, liberación, provisión y restauración de hogar, yo también tengo un testimonio vivo de cómo la gracia del Señor me sustentó para poder pasar por algo, que de no haber sido por Su gracia no hubiese podido atravesar y de éste, que es mi testimonio, no me avergüenzo. Porque, aunque terminó de forma diferente a como muchos entienden que una crisis familiar debe terminar, el Señor lo ha usado para fortalecer y llevar consuelo a los demás. Y es a esto que precisamente se refiere la Palabra del Señor al decir: «*Conviene que yo declare las señales y milagros que el Dios Altísimo ha hecho conmigo*». Daniel 4:2 (RVR 1960).

• ¿Cómo puede ella estar ministrando si su casa se destruyó?

Argumento al que cuando ha sido necesario responder, he dejado claramente establecido que mi casa siempre ha estado fundada sobre la Roca que es Cristo, por tanto aunque ciertamente fue azotada, nunca ha caído. En otras palabras, si el fundamento es Jesucristo, tu casa no cae solo porque alguien que moraba en ella decida abandonarla.

Por lo que hago uso de este punto para sugerir a todo el que lee esto, que nunca base la esencia de lo que es, en una persona. Porque si así lo haces, solo te mantendrás firme hasta que esa determinada persona decida alejarse de ti o hasta que sencillamente cambie el modo como se relacionaba contigo antes.

◆ Ella no puede hablar a los matrimonios porque no tiene uno

En este punto cabe destacar que según el diseño bíblico, el matrimonio está compuesto por dos personas y no solo por una. Por tanto, cualquier tipo de crisis que llegue a un matrimonio, siempre será posible superarla si las dos personas que lo componen se disponen a hacerlo.

En mi caso, duré diecinueve años casada y tres de éstos, los pasé esperando el retorno a casa de un hombre que decidió salir del hogar para no volver a regresar, y quien al yo ver que no estaba dispuesto a regresar, me dispuse a salir a buscar por más de una vez, tal como lo expliqué antes. Pero él dejó claramente establecido que el hecho de mantenerse dentro de la familia que conformábamos, no era parte de sus planes.

Por otro lado, la decisión de dar el paso de desligarme de ese extenso e incesante rechazo, jamás la hubiera tomado sin contar con la justa aprobación de Dios, quien cada día me da su paz y le confirma a mi corazón que no me he movido por cuenta propia sino, por su instrucción específica.

Por lo que, en términos reales, lo que legaliza a alguien para hablar a un matrimonio no es solo tener uno, sino también haber luchado por uno hasta hacer no sólo todo lo que se pudo, sino también todo lo que Dios haya indicado que se haga al respecto.

Por esta causa me siento con todos los sellos de legalidad dados por el Señor para decir a cualquier pareja que pueda estar atravesando por alguna crisis matrimonial: «Vale la pena perdonar; mientras la otra persona quiera salvar el matrimonio, sigue luchando para salvarlo; la tolerancia, el sacrificio y el dar apoyo a tu cónyuge es el diseño del cielo para las parejas, por tanto haz todo lo que puedes por el cónyuge que tienes, porque mantener unida la familia es algo por lo que siempre valdrá la pena luchar».

Y por causa de dar mensajes como éstos, continuamente llegan a nuestro ministerio cientos de testimonios de parejas que nos cuentan como Dios ha restaurado su relación. Algo que en más de una ocasión, me ha hecho preguntar al Señor ¿Dios, por qué no hiciste esto también con el matrimonio mío? Y Su respuesta siempre ha sido la misma: «Hija, siempre que veas un matrimonio restaurado, estarás

> La tolerancia, el sacrificio y el apoyo mutuo entre cónyuges, es el diseño del cielo para las parejas.

viendo el modo como ambas personas que lo componen quisieron que las cosas surgieran. Porque cada uno tiene la libertad de decidir el curso que le ha de dar a su vida». Y esto también fue lo que en una ocasión Dios le dijo al pueblo: «*El cielo y la tierra son testigos de que hoy les he dado a elegir entre la vida y la muerte, entre la bendición y la maldición. Yo les aconsejo, a ustedes y a sus descendientes, que elijan la vida*». Det. 30:19 (TLA)

♦ Conozco (dicen algunos) otras mujeres que les pasó lo mismo que a ella y hoy están unidas a sus maridos porque ellas sí pelearon por su matrimonio

Acusación que nunca he tomado a modo personal. Porque si el punto anterior hace referencia a una mujer que no peleó por salvar su matrimonio, definitivamente tal argumento no puede aplicarse a mí. Aunque en este punto, no voy a negar que en más de una ocasión he dicho: «Cuánto me hubiese gustado que en mi matrimonio las cosas se hubieran tornado de modo diferente».

Ante lo que mi amado Consolador el Espíritu Santo, siempre me recuerda: «No todos los testimonios terminan iguales; y ten por seguro que no eres la única que ha enido que ver un fin distinto al que esperabas, en el área de tu vida que fue atacada».

Área en la que por haber sido sacudida, también he sido equipada para poder ministrar a esas personas que al gual que yo tuvieron que cerrar un determinado capítulo de su vida, de forma que ellos no esperaban. Es decir, que por el mismo proceso por el que hemos sido atacados y señalados por otros, también hemos podido servir de ayuda a los que pasan por lo mismo que nosotros.

Tal como la palabra del Señor lo establece diciendo: «Algunas veces los ponían en ridículo públicamente... Pero otras veces ustedes ayudaban a los que pasaban por lo mismo». Heb. 10:33 (NTV)

• Ella también debió haber fallado porque en un matrimonio la culpa de lo que está mal, no es de uno sino de los dos

Punto acerca del cual, jamás he buscado presentarme como perfecta o como alguien que nunca se ha equivocado. Pero una cosa es equivocarse, reconocer el error y apartarse; y otra muy distinta es equivocarse y en vez de reconocer las fallas y apartarse, tratar de justificar las causas por las que se incurre continuamente en el mismo error. Por lo que como esposa, reconozco que no siempre hice lo que debía hacer ni siempre me comporté como era debido. Sin embargo, ante mis múltiples fallos me propuse no solo sentir remordimiento sino mostrar un verdadero arrepentimiento.

Por otro lado, nos ha tocado estar en diferentes lugares donde personas con una marcada intención de dañar, han querido hacer alarde de sus estables y largos matrimonios para resaltar nuestra particular vivencia. Acerca de lo cual solo diré, que nadie debería buscar parecer fuerte a cuesta de las aparentes debilidades de otros, y nadie para parecer limpio debería buscar ensuciar la vida de los demás. Ya que la única razón por la que algunos pueden retener lo que tienen, es porque aquello de lo que alardean no ha sido el área en la que han tenido que ser sacudidos ferozmente. Y aun si lo ha sido, el modo como esa parte de su historia terminó, no solo se debió a lo que ellos hicieron para enfrentarlo, sino también al modo como decidieron actuar (ante el buen deseo de Dios) los demás implicados en tal caso.

«Pues yo sé los planes que tengo para ustedes —dice el Señor—. Son planes para lo bueno y no para lo malo, para darles un futuro y una esperanza.» Jer. 29:11 (NTV)

Pero… «*No contenderá mi espíritu con el hombre para siempre, porque ciertamente él es carne.* Gen. 6:3 (RVR 1960).

Nadie debería buscar parecer fuerte a cuesta de las aparentes debilidades de otros.

Las sugerencias de tomar atajos y las ofertas de recurrir a anestesias

Además de todas las desavenencias ya mencionadas, parte de lo que nos ha tocado hacer frente, son las formas sugeridas por diferentes fuentes para que durante el tiempo presente, tomemos atajos o recurramos a elementos anestésicos. Al leer esto quizás dirás: Pero ¿Cómo así? Por lo que antes de entrar en este detalle, procederemos a definir lo que es un atajo y lo que representa una anestesia.

Según el diccionario, se define como atajo, a un camino más corto que el principal para ir a un lugar determinado. Algo que en términos de tránsito suele ser bastante útil, pero no sucede igual con los atajos que se nos presentan para acortar los procesos que Dios nos permite pasar. Ya que tomar la decisión propia de acortar nuestro proceso, puede marcar la diferencia entre una victoria segura o una derrota rotunda. Acerca de esto, uno de los ejemplos más palpables que nos muestra la Biblia, es el de Jesús estando en el desierto. Observemos:

«Entonces Jesús fue llevado por el Espíritu al desierto, para ser tentado por el diablo. Y después de haber ayunado cuarenta días y cuarenta noches, tuvo hambre. Y vino a él el tentador, y le dijo: Si eres Hijo de Dios, di que estas piedras se conviertan en pan. Él respondió y dijo: Escrito está: No sólo de pan vivirá el hombre, sino de toda palabra que sale de la boca de Dios. Mat. 4:1-4 (RVR 1960).

> Tomar la decisión propia de acortar nuestro proceso, puede marcar la diferencia entre una victoria segura o una derrota rotunda.

Es importante observar como en este pasaje, queda revelado que el adversario esperó a que Jesús sintiera hambre, para entonces sugerirle el modo como tal necesidad podía ser saciada. Pero a pesar de que Cristo tenía todo el poder para proceder a convertir aquellas piedras en pan, no lo hizo. Negándose así a aceptar el atajo propuesto por el adversario, para que su hambre fuera saciada.

De igual forma, en cada uno de nuestros momentos de «hambre» Satanás tiene un modo sugerido para que nos saciemos de «pan» y en nuestro caso, no ha sido la excepción. Sin embargo, en cuanto a este punto también debo decir que la gracia del Señor ha sido abundante con nosotros y nos ha dado el discernimiento para poder identificar lo que por más de una vez, el enemigo ha sugerido que tomemos para saciar nuestra necesidad de «pan».

De hecho, en este punto quiero también señalar a todo el que pueda estar pasando por algo similar, la importancia de no incurrir en relaciones precipitadas solo porque no tienes un compañero o una compañera que complemente tu vida, y para ser más específica al respecto, quiero compartir contigo los siguientes puntos :

1. **Jamás incurras en una relación acabando de terminar otra**: Porque de hacerlo, puede que luego te des cuenta de que lo que sentiste por esta última persona, no era amor. Sino que simplemente le utilizaste para aliviar la herida que te pudo haber causado el rompimiento anterior. En otras palabras, el muy conocido refrán: «Un clavo saca a otro clavo» no se aplica a la vida de orden y dirección que debemos vivir como siervos y siervas del Señor.

2. **Saca el mayor provecho al tiempo de soledad que Dios esté permitiendo que pases**: Algunas personas le huyen a la soledad y para no estar solos, se envuelven fácilmente en cualquier tipo de relación. Sin embargo, es en el tiempo que el Señor permite que estemos solos cuando llegamos a entender mejor quién Él es para nosotros, y cuando incluso llegamos a conocer lo que desconocíamos de nosotros mismos.

3. **No busques llenar a modo apresurado, lo que Dios ha permitido que esté vacío**: Dios siempre arranca las malezas antes de plantar y remueve lo que obstaculiza antes de reedificar. Por lo que los espacios que el Señor dispuso para en su debido momento volver a llenar, no te vuelvas ansioso tratando de ocuparlos tú.

4. **No pongas cualidades que sabes que alguien no tiene**: Una de las cosas que hacen las personas que buscan llenar espacios a modo apresurado, es que tienden a poner cualidades inexistentes, y a ignorar las señales de alerta que pueden ver en la persona que ellos quieren hacer pasar por la compañera o el compañero idóneo. Para luego reclamarle lo que en otro tiempo vieron, pero se dispusieron a ignorar.

En este punto, cabe destacar que no estamos insinuando que la persona que esperas debe ser perfecta, pero sí estamos sugiriendo la importancia de considerar los problemas de fondo que tal persona pueda tener, y sobre todo recomendamos el buscar la opinión del Señor, en cuanto a ese determinado asunto.

5. **Identifica lo que es una verdadera bendición**: No todo lo que resulta ser atrayente, debe ser considerado como una bendición. En otras palabras, el hecho de que alguien tenga una buena apariencia física, se exprese bien, ejerza un ministerio o tenga una buena posición económica, no necesariamente lo califica como una «bendición» para ti.

Sino que sabes que alguien viene como una bendición de Dios, cuando en vez de alejarte, te acerca más al Dios de la bendición; cuando no contiende con tus principios ni trata de alterar tus valores y cuando no busca opacar lo que eres para resaltar su propia promoción, porque comprende que no se trata de dos compitiendo, sino de una pareja unida para dar cumplimiento al destino que Dios ha trazado para ambos.

En este punto, cabe destacar el hecho de que aquí no hacemos referencia a las parejas que ya están unidas, sino a las personas que tienen principios cristianos y esperan la llegada de esa compañía idónea que Dios ha prometido darles.

El peligro de las anestesias...

Luego de considerar algunas de las formas como continuamente se nos presenta la oportunidad de tomar atajos, también debemos cerrar el paso a todo elemento anestésico que sirva para mitigar el efecto que Dios espera que surja en nosotros a través del proceso que podamos estar pasando.

Ahora bien ¿Qué es anestesia? Según el diccionario, se define como anestesia a la ausencia temporal de la sensibilidad de una parte del cuerpo o de su totalidad, provocada por la administración de alguna sustancia. De igual modo llevando esto al rango espiritual, cuando estamos siendo procesados en alguna área, no solo nos vemos frente a la oferta de tomar atajos para acortar el proceso, sino que también nos enfrentamos a diversas formas de recurrir a elementos anestésicos; a los que para saber cómo debemos responder volveremos a usar el ejemplo de Jesús.

«*Así que llevaron a Jesús a un lugar llamado Gólgota, que quiere decir «La Caravela». Y allí le ofrecieron vino mezclado con mirra, para calmar sus dolores; pero Jesús no quiso beberlo*». Marc. 15:22-23 (TLA)

Para el tiempo en el que este relato tuvo lugar, la mirra era utilizada como un elemento anestésico. Causa por la que si tomaba aquel vino, Jesús daría paso a algo que le iba a reducir el dolor de aquel agónico momento. Pero sin titubeos ni ambivalencias, lo rechazó. Porque su propósito no era evadir el dolor, sino cumplir a cabalidad con lo que el Padre le había encomendado. Ya que acerca de la manera como debía padecer, Él había dicho: «*Todo lo que se ha escrito de mí, tiene que cumplirse*». Luc. 22:37 (BLP)

Ahora bien, para aplicar este punto a lo que buscamos resaltar, es necesario entender que así como hay anestesias para la evasión de los dolores físicos, hay también elementos anestésicos que nos serán puestos delante para hacernos evadir el dolor, pero si nuestra prioridad es pasar el proceso a la manera de Cristo, sencillamente no debemos tomarlos.

Por ejemplo, resulta común ver casos en los que algunos se envuelven en relaciones incorrectas, supuestamente

189

a modo temporal mientras llega la persona que según ellos, ha de ser la idónea. Lo que por supuesto les sirve de desahogo y les trae una falsa alegría, que les hace evadir el efecto causado por el proceso que el Señor está permitiendo que pasen para reparar áreas importantes de su carácter.

Por lo que si éste es tu caso, te sugiero que arranques desde la raíz todo lo que haya llegado a tu vida como anestesia, a la que si no renuncias en vez de ayudarte, retrasará lo que Dios, en su debido momento ha decidido entregarte.

Ahora bien, en el mismo cuadro de la historia de Jesús, vemos además un elemento muy importante que no podemos dejar de apreciar y es el hecho de que en el mismo capítulo quince de Marcos, también se nos dice que mientras Jesús iba caminando con la Cruz, hubo un hombre llamado Simón de Cirene que le ayudó a llevarla.

Lo que al considerar, quizás pienses: Pero ¿Cuál es la diferencia entre tomar anestesia para no sentir el dolor y aceptar ayuda para llevar la Cruz? A lo que con el fin de responder, procederemos a resaltar lo siguiente: Mientras que la anestesia te lleva a evadir el dolor del proceso; el que te ayuda a llevar la Cruz, te acompaña mientras en medio del dolor y el sufrimiento, avanzas en lo que Dios ha permitido que pases.

Por tanto, aprendamos la lección de Jesús y no seamos de los que están en la carrera, pero tomando atajos o de los que pasan por procesos, pero mitigando el dolor a base de elementos anestésicos.

Principios del Capítulo

1. Cuando lo que has pasado lo has enfrentado conforme a las directrices que te ha dado el Señor, Él se encargará de darte la fuerza, la resistencia y la firmeza para manejar lo que pueda surgir en tu contra por causa de tal vivencia.

2. Nunca bases lo que eres en una persona. Porque si así lo haces, solo te mantendrás firme hasta que esa determinada persona decida alejarse de ti o hasta que sencillamente cambie el modo como antes se relacionaba contigo.

3. Si el fundamento es Jesucristo, tu casa no cae solo porque alguien que moraba en ella decide abandonarla.

4. El matrimonio está compuesto por dos personas y no solo por una. Por tanto, cualquier tipo de crisis que llegue a un matrimonio siempre será posible superarla, si las dos personas que lo componen se disponen a hacerlo.

5. Lo que legaliza a alguien para hablar a un matrimonio no es solo tener uno, sino también el haber luchado por uno, hasta hacer (no sólo todo lo que se pudo) sino también todo lo que Dios indicó que se hiciera.

Capítulo X

Cincuenta principios
que no debes olvidar

Cincuenta principios
QUE NO DEBES OLVIDAR

1. Dios en su Omnisapiencia, conoce todo acerca de nosotros y sabe exactamente cómo nos sentimos por causa de lo que podamos estar pasando.

2. Existe una marcada diferencia entre una prueba, un proceso, un ataque y una consecuencia.

3. Las pruebas, generalmente son de término corto y son enviadas por Dios para probar nuestro corazón, como lo hizo con Abraham y como lo hizo con el pueblo de Israel. (Ver Gen. 22:1-2, Det. 8:2-4)

4. Los procesos, son permitidos por el Señor para formarnos y equiparnos para lo que más adelante, Él ha determinado entregarnos. Tal como aconteció en el caso de José. (Ver Gen. 37-50)

5. Los ataques, son gestados directament
   por nuestro adversario pero tienen límite:
   establecidos por el Señor, que nunca exceden
   nuestra capacidad de soporte para enfrentarlos
   Ejemplo de esto tenemos al patriarca Job. (Ver Jol
   1-2)

6. Las consecuencias, son el resultado de nuestra:
   malas acciones, a las que Dios permite qu
   hagamos frente con el fin de disciplinarnos. Er
   este punto tenemos como ejemplo a David. (Ver
   Sam 12)

7. Debido a que Dios es inmutable, Su Palabra deb
   reflejar Su integridad. Dios no miente, y en todo:
   los casos manifiesta su veracidad y cumple toda:
   las promesas que hace.

8. Dios nos ama a todos y no hace acepción d
   personas; pero el modo cómo decide dar términc
   a las circunstancias de algunos, no es el mismc
   que decide dar a las circunstancias de otros.

9. La forma como Dios decide que culminen nuestro:
   procesos, es la manera como Él ha decidido qu
   demos gloria a Su nombre y que sirvamos d
   modelos a otros.

10. Cada adversidad de la vida puede traer consigo ciertos límites, pero quejarse y tener lástima de sí mismo, son reacciones mortales, aunque parezcan lógicas y nos hagan sentir mejor.

11. Jamás te sientas intimidado por el testimonio de otros, porque aunque el tuyo sea distinto, también servirá para fortalecer a los que al escucharte, puedan estar pasando por algo similar a lo que pasaste tú.

12. Mientras que lo que nos suceda esté dentro de la voluntad de Dios para nosotros, no debemos temer aunque tengamos que enfrentarnos con la misma muerte.

13. Ningún superior entrena a sus soldados de balde. De igual modo, Dios no te permitirá pasar por algo para lo que no te haya preparado primero. Tal como lo expresa el salmista al decir: «Dios me prepara para la guerra; y le da fuerza a mis brazos para que puedan lanzar dardos poderosos». Sal. 18:34 (PDT)

14. El proceso que pasas habla del concepto que Dios tiene de ti.

15. El área en la que eres probado, será el área en la que serás usado.

16. Tu nivel de madurez se mide mediante la capacidad que muestras al pasar por los momentos de crisis.

17. Tus heridas de hoy serán las cicatrices que mañana te harán ser un testimonio vivo para otros, de que ciertamente aquello que no te mata, te hace más fuerte.

18. Te conviertes en la autoridad de aquello que vences, pero no a tu manera sino a la manera que Dios espera que lo venzas.

19. Ante cualquier situación que enfrentes, debes reconocer de qué parte de ésta eres responsable, para entonces proceder a llevar a cabo un plan de mejora que te permita superar esas debilidades.

20. Buscar culpables para justificar nuestras malas acciones, es admitir que otros tienen el control del modo como decidimos actuar nosotros.

21. Aquello que no reconocemos que tenemos mal, jamás podremos mejorarlo.

22. Tan importante como reconocer de lo que somos responsables, es saber de lo que no lo somos. Porque así no seremos presa de los que buscan descargar sus propias culpas sobre nosotros.

23. Nuestra verdadera lucha no es con personas, sino con Satanás. Quien sutilmente utiliza a quien reúne las condiciones, y se deja usar por él para emitir sus ataques.

24. Los más feroces ataques del adversario vienen a través de personas que tienen algún tipo de influencia sobre nosotros.

25. Mientras más cercana a ti sea la persona que se deje usar por Satanás, más profunda será la herida del ataque que recibirás.

26. Cuando el enemigo identifica lo que te irrita, se mantendrá usando lo mismo para hacerte estallar; pero cuando decides ignorar lo que te molestaba, se dará cuenta que el arma en la que confiaba ya no le servirá más.

27. Es absolutamente imposible impedir que ciertas cosas nos pasen, pero es totalmente posible decidir qué hacer con las cosas que nos pasan.

28. La perseverancia ante la presión te prepara para la promoción.

29. Nunca pienses que el tiempo que invertiste en alguien o en algo fue perdido. Porque aunque las cosas no hayan terminado del modo como esperabas hay una lección envuelta, aún en los procesos más dolorosos que tenemos que enfrentar.

30. El mensaje que predicas tendrá que ser probado.

31. No hay nada más peligroso para el enemigo que alguien que luego de que muchos le dieran por muerto, decide volver a levantarse.

32. La grandeza de la vida en Dios, no está en pedir milagros sino en ser un milagro para quienes al ver como (por nuestra confianza en el Señor) pudimos mantenernos de pie en medio de nuestras crisis, también procedan a hacer lo mismo.

33. El hecho de fortalecernos en el Señor, no siempre nos garantiza ser librados de ciertas cosas, sino que en ocasiones como el Espíritu Santo escudriña

todo, nos insta a prepararnos de antemano para las pruebas y ataques que nos han de venir.

34. Las causas por las que Dios permite que pasemos por situaciones de dolor y angustia, muchas veces resultan ser inexplicables; y el hecho de tratar de buscar respuestas en medio de tales acontecimientos solo nos hace caer en un estado de congoja y lamento.

35. Los momentos de soledad, deben ser aprovechados para fortalecer nuestra relación con Dios y conocernos mejor a nosotros mismos.

36. Sin importar lo que estés pasando ahora, sólo asegúrate de permanecer donde Dios te quiere, y seguir haciendo lo que Él te mandó a hacer. Porque si así lo haces, del resto se encargará Él.

37. Cuando sobrevives a lo que temías, te das cuenta de que no eres tan débil como creías.

38. Cuando todo en tu vida parezca estar hecho pedazos, recuerda que Dios es Experto tomando pedazos, para hacer de ellos grandes obras de arte.

39. El verdadero arrepentimiento no solo se demuestra con lágrimas, sino con la firme decisión de apartarse de lo que se ha hecho mal.

40. No importa cuánto quieras ayudar a alguien a ser libre de algo, hasta que esa persona no se disponga a serlo, sencillamente no lo será.

41. Lo que sabiendo que es incorrecto no te dispones a destruir, finalmente terminará destruyéndote a ti.

42. Las recompensas permanentes, siempre serán producto de sacrificios temporales.

43. Buscar un modo humano de alivianar el proceso, es como ser un jugador de grandes ligas, pero a base de esteroides.

44. Tomar atajos y recurrir a elementos anestésicos en medio de los procesos, solo hará que se produzca un retraso en lo que Dios ha determinado entregarte.

45. En algunas ocasiones, aun teniendo todo el derecho de salir de una determinada situación,

Dios te indicará que permanezcas en ella, hasta que el propósito de Él, con ese determinado asunto haya culminado.

46. No siempre las personas que te rodean serán capaces de entender las directrices que Dios te da en cuanto a un determinado asunto. Pero, aunque ellos no te comprendan, asegúrate de que no sean sus opiniones las que te muevan, sino las instrucciones que recibes de parte del Señor.

47. La voz de Dios siempre se llevará la confusión y llenará de paz tu corazón.

48. Jamás juzgues a otros por lo que han vivido, porque el hecho de que a ti no te haya tocado pasar por lo mismo, no te hace ser mejor a ellos, sino alguien a quien Dios decidió procesar de modo diferente.

49. La razón por la que en ocasiones Dios decide no moverte del lugar donde muchos te vieron fracasar, es porque en ese mismo lugar será expuesto lo que el Señor puede hacer con alguien que en vez de rendirse cuando es golpeado, decide recurrir a Él.

50. Aunque Dios no haya gestado el quiebre de lc que en ocasiones se nos rompe, Él quiere que no: armemos de coraje, gallardía y valor para toma lo que inesperadamente se quebró y sacar de ello diseños que sirvan de inspiración a la vida de otros.

PALABRAS FINALES

PALABRAS FINALES

$\mathcal{N}$o es la fe que decimos tener en Dios, lo que realmente cuenta. Sino la fe que en medio de las pruebas podemos demostrar. En otras palabras, el modo como pasamos las pruebas, revela la fe que tenemos en el Señor; y las pruebas que nos tocan enfrentar, hablan del concepto que Dios tiene de nosotros por causa de lo que ya Él puso dentro de nosotros. Por lo que si decides no pasar las pruebas que enfrentas del modo como el Señor espera que lo hagas, no es porque no puedes, sino no porque no te dispones a hacerlo.

Así que en cuanto a las pruebas (por más difíciles que sean) hoy tu Creador te dice: Yo ya te he equipado para que resistas esto. En cuanto al dolor que sientes, hoy tu Sanador te dice: Yo estoy aquí para curar tus heridas y reconfortar tu alma; y en cuanto al camino que tienes delante, hoy tu Ayudador te dice: No dejes que las vivencias de ayer te impidan apreciar el favor y la gracia que te he dado hoy, para que vuelvas a reedificar con lo que aún te queda en las manos.

Porque el Señor está contigo para cambiar tu derrota en victoria, y tu tristeza en un canto de alegría... Isa. 61:3 (TLA).

Otros libros de la autora

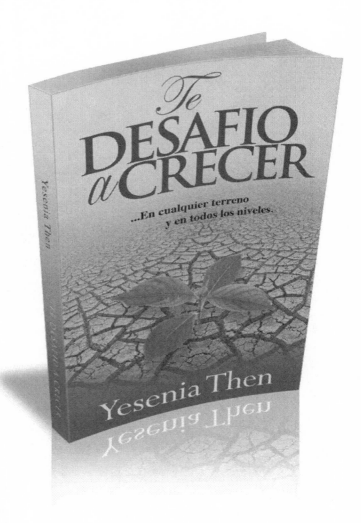

Te Desafío a Crecer

Más que un simple libro, es una herramienta de inspiración, dirección y fortalecimiento, que te hará no conformarte con menos de lo que fuiste creado para ser. El desafío está en pie, atrévete a crecer continuamente por encima de todas tus circunstancias y sin dejarte gobernar por tus dificultades.

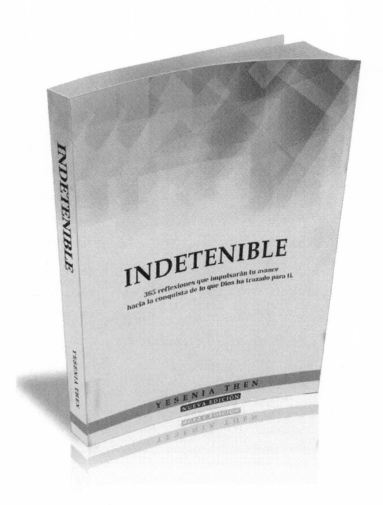

Indetenible

365 mensajes, anécdotas e ilustraciones que impulsarán tu avance hacia la conquista de lo que Dios ha trazado para ti. Con fragmentos de lectura cargados de impacto, sabiduría e inspiración de Dios, a través de su autora, Yesenia Then. Un libro solo recomendado para aquellos que no aceptan otro diseño que no sea el que ya Dios creó para ellos y que hasta no ver cumplido ese diseño en sus vidas, han tomado la firme y obstinada decisión de ser indetenibles.

Diamantes

Un libro de lectura fácil y sencilla que contiene 200 frases de activación, inspiración e instrucción de Dios, que si pones en práctica te servirán como herramienta útil para vivir de manera más sabia, efectiva y productiva el trayecto de vida que tienes delante.

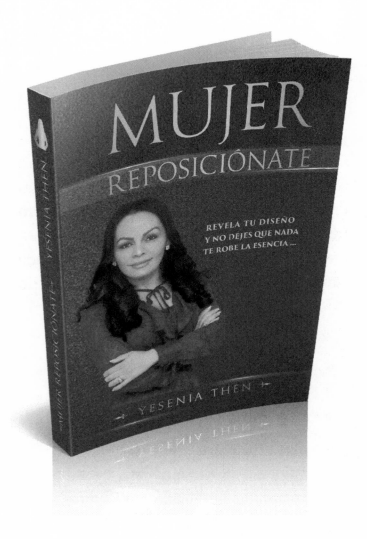

Mujer Reposiciónate

Más que un simple escrito, una herramienta de activación y empoderamiento en el que la autora, de forma biblica y con un estilo fresco, llano y peculiar nos convoca al reposicionamiento y nos insta a no dejar que lo que hemos pasado, nos impida ser lo que Dios ha determinado que seamos.

Made in the USA
Columbia, SC
09 August 2020